TRES ESCRITORES LITERARIOS DEL MOVIMIENTO CHICANO:
¿CHICANOS O CHICANESCOS?

Entrevistas y Ensayos

Lupe Cárdenas

Serie Reflexión
No. 2
Editorial *Orbis* Press
1997

TRES ESCRITORES LITERARIOS DEL MOVIMIENTO CHICANO: ¿CHICANOS O CHICANESCOS?

Entrevistas y Ensayos

Lupe Cárdenas

Serie Reflexión
No. 2

Editorial *Orbis* Press
Universo de Palabras

Paseo del Lago #13,
Valle Verde, C.P. 83130
Hermosillo, Sonora,
Tel. (62) 16-24-06
Fax (62) 16-23-94
MEXICO

1997

Correo electrónico (E-mail):
emx@ix.netcom.com

P.O. Box 60273
Phoenix, Arizona, 85082
Phone (602) 755-0930
Fax (602) 470-1774
U.S.A

TRES ESCRITORES LITERARIOS DEL MOVIMIENTO CHICANO:

¿CHICANOS O CHICANESCOS? Entrevistas y Ensayos

Lupe Cárdenas

Serie Reflexión
No. 2

Primera Edición/First Edition, 1997

International Standard Book Number/
Número Internacional Normalizado para Libros:
ISBN 968-7472-01-4

© ® 1997 Copyright by Lupe Cárdenas
© ® 1997 Copyright by Editorial *Orbis* Press

• Paseo del Lago # 13, Valle Verde, C.P. 83130, Hermosillo, Sonora, MEXICO

• P.O. Box 60273, Phoenix, Arizona, 85082, U.S.A.

Derechos Reservados. Se prohibe la reproducción total o parcial, excepto para citas en reseñas ; análisis literarios, de esta obra bajo ninguna forma o ningún medio electrónico, mecánico, de fotocopiado, grabación, impreso o cualquier otro, sin el permiso escrito de la autora y de *Editorial Orbis Press*. Preguntas relacionadas con esta obra dirigirlas a *Editorial Orbis Press*.

All rights reserved. No part of this publication may be reproduced, stored in retrieval systems, or transmitted in any form or by any means, electronic, mechanical, photocopying, recording, or otherwise, without prior written permission of the author. All inquiries should be addressed to *Editorial Orbis Press*.

INDICE

Preámbulo..VI

I. Ensayo introductorio: Lo chicano y lo chicanesco:
¿clarividencia u ofuscamiento?...............................1

II. Justo S. Alarcón...7

1. Entrevista..8

2. Estructuras narrativas y simbólicas en el
cuento «Despojo»...32

3. La frontera económica vista como estructura literaria
en «El mercado»...44

4. «Resbaladero», o el correlato entre estructura geométrica y
contenido social...52

III. Miguel Méndez M..65

1. Entrevista..66

2. La ciudad como arquetipo de la Madre Terrible en
Peregrinos de Aztlán...80

3. El desierto y los peregrinos en *Peregrinos de Aztlán*............95

4. El folclore en los cuentos fronterizos..................107

IV. Estela Portillo-Trambley..115

1. Entrevista..116

2. La problemática conflictiva entre el *animus* y el *ánima*
   en *The Day of the Swallows*...150

3. La función de la *shadow/sombra* y de la *persona* en la
   protagonista doña Josefa en *The Day of the Swallows*.......157

4. La visión feminista en *The Day of the Swallows*................164

Notas...180

Obras consultadas..181

PREAMBULO

Para el presente volumen antológico he tratado de seleccionar nueve ensayos de los varios escritos míos hasta la fecha. Algunos de ellos ya han sido publicados en su entereza. Otros aparecen en forma de ponencias presentadas en diferentes congresos literarios. También hay otros en forma seminal. De cualquier modo, para ello tuve que buscar cierto orden, teniendo en cuenta temas, géneros y autores. De esta manera creo haber podido dar un tanto de unidad fundamental y esperada al conjunto aquí presentado.

He escogido a tres autores ya conocidos en diversos círculos literarios: Justo S. Alarcón, Miguel Méndez M. y Estela Portillo-Trambley. El primero es conocido por su obra tanto crítica como narrativa, el segundo se destaca, sobre todo, por su novelística, y la tercera, en particular, por sus dramas.

No fue fácil la tarea, pues hubo que sacrificar otros artículos, en mi opinión más logrados, en aras de la pretendida unidad. Como el lector podrá observar, la longitud de los ensayos varía, aún dentro de los presentados sobre un autor dado. Los más cortos muy bien podría tomárselos, como ya queda indicado, a manera de ensayos seminales. Son una «muestra» de proyectos que tengo entre manos y que pienso desarrollar ampliamente más tarde. Me refiero, sobre todo, a dos trabajos cortos sobre Estela Portillo-Trambley, incluidos en este volumen.

En general, podría decirse que, para Justo S. Alarcón, seguí una aproximación estructuradora, no necesariamente estructuralista, con base en la geometría y numerología. Para Miguel Méndez M., una aproximación arquetípica, y, para Estela Portillo-Trambley, una aproximación más bien psicológica. En los momentos en que escribí estos ensayos me pareció que cada uno de los textos entonces estudiados me dictaban un acercamiento particular y específico. Hoy día quizás hubiera seguido en sus respectivos análisis otros modelos críticos, vigentes y de acuerdo a la moda. Sin embargo, respeté el pasado y mi manera de ver los textos en las diversas épocas de mi carrera literaria.

Además de los nueve ensayos escogidos para esta colección he añadido, como componente de esta Antología, tres entrevistas que tuve con cada uno de los autores ofrecidos. Estas entrevistas fueron, en realidad, las que me dictaron el patrón a seguir para la selección de los artículos aquí presentados. Me pareció sumamente importante «dejar hablar» a los autores, a los cuales les había ya dedicado algunas páginas de crítica sobre sus obras.

La estructura y el formato de las entrevistas fue idéntico para los tres. En general, me guiaron dos factores en la confección de dicha(s) entrevista(s): «qué» escribieron y «por qué» escribieron, i.e., me interesó no sólo el producto de las obras en cuestión, sino más bien el proceso y la razón por la cual escribieron lo que escribieron. Aunque me doy cuenta perfecta de que se necesitaría un apartado o capítulo especial sobre el análisis de las entrevistas en función de la crítica hecha ya sobre las obras, creo que éste es un proyecto que se puede emprender más tarde, pues para el presente volumen no quise hacerme muy prolija. Quizás éste sea un fallo imperdonable, como otros que encontrará el lector, pero, como dije, trataré de subsanarlo en otra ocasión.

Quisiera añadir, como colofón, una breve nota sobre el artículo introductorio a la presente Antología, intitulado «Lo chicano y lo chicanesco: ¿clarividencia u ofuscamiento?». Se trata del tema de la «autenticidad» de la literatura chicana. Algunos críticos chicanos desde hace ya una veintena de años --y a imitación de los argentinos de antaño-- han sacado a la palestra la distinción entre autores «chicanos» (auténticos) y autores «chicanescos» (espúreos). El propósito de la intercalación preambular de este artículo en el presente libro es sencillo: que el lector, bien sea crítico, autor o simplemente «lector» forme sus propios criterios sobre dicho tema, a base de los tres autores sobre los que versa la presenta Antología.

I
ENSAYO INTRODUCTORIO

LO CHICANO Y LO CHICANESCO: ¿CLARIVIDENCIA U OFUSCAMIENTO?[1]

Hace más de cien años se discutía en las calles, en los cafés, en las tertulias, en las aulas de clase y en las revistas literarias argentinas de esa época, qué era literatura «gaucha» y qué era literatura «gauchesca». Desde hace unos veinte años volvió a surgir la polémica, aunque no por las calles, ni las tertulias, ni los paraninfos de las universidades argentinas, sino en alguna charla, conferencia o escrito en Aztlán sobre qué es literatura «chicana» y qué es literatura «chicanesca». Para decir verdad no sabría yo contestar a esta pregunta o darle una solución a este problema resucitado tardíamente y, creo yo, de poca duración.

¿Hemos agotado ya otros temas o todos los otros temas sobre la literatura chicana y la crítica correspondiente para darnos el lujo y meternos ahora por senderos que, en mi opinión, son callejones sin salida? Vamos por partes. En primer lugar, ¿quiénes podrían darnos una definición exacta, contundente, sin lugar a dudas, o sea, científica, sobre *quién* es chicano y *qué* es lo chicano? En segundo lugar, habría que saber ¿qué se entiende exactamente por el término *chicano*? Si le hallamos una respuesta precisa, absoluta y científica a estas dos preguntas, entonces tendremos la llave para hablar con fundamento sobre quién es chicano y qué es lo chicano, porque sabiendo quién y qué es lo chicano necesariamente tendremos que saber lo que *no* es chicano, es decir, qué es lo «chicanesco».

El problema se complicaría aún más si tratáramos de definir lo chicano por lo que no es chicano, es decir, partiendo de lo *chicanesco*. ¿Cómo podríamos definir lo chicano a partir de lo no chicano, o sea, de lo chicanesco? Imposible. Sería el caso del adagio filosófico o de los gramáticos que nos estipulan que «la palabra definida no puede entrar en la definición». Y aquí radica el problema: en que todavía no sabemos qué es lo chicano, ni quién es chicano. Tenemos una aprehensión, un sentimiento y una corazonada, pero no tenemos una evidecia social, ni científica, ni filosófica. Bajo este preámbulo me parece a mí que el tratar de dilucidar este tema parecería una cosa, si no absurda, por lo menos un malgasto de tiempo. Pero la pregunta requiere una respuesta, puesto que alguien ha sacado el tema al foro.

Ya a mediados de los años '70, Francisco Lomelí y Donaldo Urioste, en su libro *Chicano Perspectives in Literature: A Critical and Annotated Bibliography*, (1976), comenzaron a hablar del tema y soltaron el proverbial conejo para ver quién lo mataba. Pasó inadvertido. Más tarde, en la conferecnia de NACS (National Association for Chicano Studies) de 1983, llevada a cabo en Ypsilanti, salió otra vez a relucir el tema, aunque brevemente. Por esos años, tengo entendido que hubo en California un simposio sobre el tema de lo chicano y de lo chicanesco. Salió a la luz también un libro, *A Decade of Chicano Literature (1970-1979): Critical Essays and Bibliography* (1982) dividido en partes, una de las cuales está dedicada a la bibliografía de la «Literatura chicanesca». Tengo que subrayar que los editores, divulgadores y apóstoles de esta división maniqueísta entre lo chicano y lo chicanesco fueron, son y parece que serán los mismos. Aquí voy a tratar de presentar esta problemática desde un punto de vista personal para ver si se puede aclarar un poco esta confusión. Para ello traeré a colación algunos ejemplos. Mi intención no es precisamente la de definir o describir qué es o qué no es chicanesco, sino de volver a traer al foro problemas semejantes que pertenecen a otras literaturas. No voy a hablar, pues, de la literatura chicana o chicanesca *per se*.

Sabemos todos muy bien, como había indicado antes, que hace más de cien años se debatía en Argentina el problema entre lo que era literatura gaucha y literatura gauchesca. Que sepamos nosotros, muy pocos, por no decir ninguno de los críticos de literatura latinoamericana, han estudiado a fondo lo que se podía llamar literatura gaucha, aunque sí todos los estudiosos de la literatura sudamericana conocemos las obras de Estanislao del Campo y de José Hernández, *El Fausto* y *Martín Fierro*, respectivamente. Según algunos críticos, *Martín Fierro* es definitivamente literatura gaucha, mientras que *El Fausto* es literatura gauchesca. Esta parece ser la opinión de Anderson Imbert y de Eugenio Florit (*Literatura Hispanoamericana*, 1974). Hay otros como Englekirk et al. (*An Anthology of Spanish American Literature*, 1968) que catalogan a las dos obras como literatura gaucha, mientras otros como Angel Flores y Helene Anderson (*Masterpieces of Spanish American Literature*, 1974) los califican sencillamente como poetas gauchescos. Y eso que ha transcurrido entre éstos y los de antaño más de un siglo, sin haber resuelto la problemática. ¿Qué podemos esperar ahora de este tema tan escabroso sobre lo chicano y lo chicanesco? Basten algunos ejemplos, además de los dos arriba citados.

Me pregunto yo (y tendríamos que preguntárnoslo todos) ¿cómo encasillaríamos a los siguientes individuos del mundo hispánico? En Argentina tenemos individuos que nos ofrecen interesantes rasgos. ¿Qué diríamos de un Carlos Gardel, el argentinísimo Carlos Gardel, nacido en Francia? ¿Argentino o argentinesco? ¿Qué diríamos de un argentino, nacido en Argentina y que vivió en ese país durante sus largos años de vida, pero tildado por el mexicanísimo Juan Rulfo de «that Englishman»? ¿Qué decir del mismo argentino que, al referirse al español de Cervantes decía que no era lo suficientemente bueno o preciso (refiriéndose a la desinencia del adverbio castellano -*mente*) para expresar en el español cervantino todas sus *ideas* argentinas? ¿Y qué pensar de ese nonagenario y gran argentino que, después de vivir casi toda su vida en Argentina, escribió su último testamento en español para que depositaran sus restos mortales en un cementerio de un país tan poco argentino como Suiza? Creo que no sería necesario decir que me estoy refiriendo al gran literato Jorge Luis Borges. Nos preguntamos, ¿es argentino o argentinesco?

Otro ejemplo: pensemos en el gran Julio Cortázar. Un Julio Cortázar, nacido en Bélgica, que para inspirarse y escribir en español sobre la Argentina tiene que pasar sus años más productivos en la gran aristocrática y elitista ciudad de París. ¿Es argentino o argentinesco?

Subamos hacia Aztlán y parémonos un momento en México. Una gran figura mexicana conocida de todos, Sor Juana Inés de la Cruz, que fue mexicana de nacimiento, de amor y de dolor, pero que escribió en la lengua gongorina y que expresó sus ideas europeas en todas sus obras, ¿es mexicana o mexicanesca? Si es mexicana, nos preguntamos, ¿en qué consiste su mexicanidad? ¿Se trata de una actitud o postura mexicana o europea ante la vida? ¿Es mexicana o mexicanesca? Pensémoslo un poco.

Pero creo que el ejemplo más contundente y problemático sería el de Juan Ruiz de Alarcón. Un mexicano nacido en México que, en su juventud, se fue a los «corrales» de Madrid, que empleó sus mejores años en España y que escribió sobre temas muy de moda al día en su nuevo círculo español y que compitió con los mejores dramaturgos del Siglo de Oro, como Lope de Vega, Calderón de la Barca y Tirso de Molina, ¿es mexicano o es español? Su literatura, ¿es mexicana o es española? En México lo consideran mexicano y en España lo consideran tan español como a Lope, a Calderón o a Tirso. Entonces nos vemos forzados a preguntarnos, ¿qué es Juan Ruiz, mexicano o mexicanesco, español o españolesco? Pensémoslo un poco.

Llegando ya a tierra de Aztlán nos encontramos con casos interesantes. Interesantes porque se hacen cuestionables si aplicamos la supuesta y nebulosa fórmula de la división entre literatura chicana y literatura chicanesca. ¿Qué decir de Alvar Núñez Cabeza de Vaca, de Farfán de los Godos y de Gaspar de Villagrá? España los considera suyos, México hace lo mismo y algunos críticos chicanos, que comenzaron con lo de lo «chicanesco», los consideran suyos y, para ello, están haciendo investigaciones sobre las obras de estos autores «chicanos». En realidad, ¿cómo encajarlos? Tres españoles que nacieron en España, que viajaron y se aventuraron por tierras mexicanas y que «visitaron», a causa del destino, tierras de Aztlán. Interesante. Los críticos que hacen la distinción entre lo chicano y lo chicanesco están haciendo sendas investigaciones sobre la historia de la literatura chicana, buscando sus raíces, y consideran a estos escritores españoles (¿españolescos?), que también son mexicanos (¿mexicanescos?), y que dizque ahora son chicanos. ¿No sería mejor catalogarlos de chicanescos para no caer en contradiciones? Y si hiciéramos esto, ¿en dónde encontraríamos las raíces de la literatura chicana? ¿En lo chicanesco? ¿No sería ilícito todo esto por no decir ilegítimo? ¡Qué interesante!

Y si hablamos de la literatura chicana de hoy día, del presente, ¿quiénes son, serán, serían, pueden ser, quizás sean, probablemente sí, probablemente no, chicanos o chicanescos, achicanados o achicanescos? Podríamos aplicar aquí lo de los chicanos agringados, de los gringos achicanados, de los chicanos gringuescos, de los gringos chicanescos, de los mexicanos chicanescos y de los chicanos mexicanescos. ¡Ah, sí! y también de los españoles chicanescos y de los chicanos españolescos, etc.

¿Cómo consideraríamos a la mayor parte de los conocidos literatos «chicanos» como Alurista, Abelardo Delgado, Miguel Méndez M., etc.? Alurista, nacido en México, ¿será mexicano chicanesco o chicano mexicanesco? ¿Cómo lo catalogaríamos? ¿De mexicano achicanado, chicanesco, o aztequesco? Otro caso. Miguel Méndez M., nacido en Arizona y, aunque vivió pocos años en México, es arizonense o aztlanense de pura mata. Todas sus obras versan sobre la frontera, inclinándose más al lado mexicano. ¿Se considerará por los mexicanos como mexicanesco o como chicano? Y, por los chicanos, ¿como mexicano o como chicanesco? O quizás sea a la vez (superando la fórmula) escritor mexicano y chicano. ¿Y qué decir de un John Rechy, de El Paso, que escribió y escribe no solamente en inglés, sino de temas que muchas veces parecen no tener nada que ver con la tradicional temática chicana? No siempre se le consideró como autor chicano, precisamente por eso. Hoy día se le considera como a uno de los autores chicanos de vanguardia. ¿Fue, es o será difícil encasillarlo? Y qué decir de Raymond Barrios que, según unos nació en New Jersey, hijo de españoles y, según otros, es californiano de pura raíz. Sin embargo, todos están de acuerdo que su novela *The Plum, Plum Pickers* es una piedra angular en la literatura chicana. Y, hablando de españoles, ¿qué pensar no sólo de los antiguos como Cabeza de Vaca, de Farfán de los Godos, de Gaspar de Villagrá, sino de Justo S. Alarcón y otros modernos (sin tocar ahora el punto de los Raymond Barrios)? Los primeros pasaron de visita por Aztlán y los segundos vivieron y viven sus años productivos en Aztlán. Los primeros pueden ser considerados como los fundadores de la literatura chicana, pero los segundos, que vivieron y escribieron sobre la problemática chicana durante el movimiento chicano de los sesenta y setenta, son considerados como «chicanescos».

En vista de todas estas interrogaciones y problemáticas, ¿podemos honradamente decir qué es literatura chicana y quién es o no es un autor chicano? ¿Tenemos derecho de afirmar, seleccionar, incluir, o rechazar a ciertos autores como chicanos o chicanescos aplicándoles la fórmula mágica, aunque muy vaga, entre quién es y quién no es chicano y autor chicano? Basándonos en la historia de la crítica literaria suramericana y, en particular la argentina, me parece un poco dudoso y poco práctico andar gastando tiempo y tinta en esta problemática. Al fin de cuentas, la historia, no precisamente nosotros *hic et nunc*, se encargará de aclarar este punto, si es que le encuentra alguna lógica o razón de ser. Por el momento me parece un juego vano y quizás sea señal o síntoma de esterilidad crítica y académica.

Sin embargo, tendré que detenerme un poco más en esta problemática, aunque sólo sea para presentar a los autores que inspiraron y formaron el cuerpo o *corpus* literario de esta antología. Visto ya el punto de vista del crítico sobre quién es o debe considerarse escritor chicano y chicanesco (como con anterioridad gaucho y gauchesco), veamos el punto de vista de los autores representados en esta antología.

Foto cortesía de Justo S. Alarcón

II

Justo S. Alarcón

...estoy absolutamente cierto...de que si no fuera por la opresión, bajo las facetas política, económica, pedagógica, etc., de que ha sido objeto el chicano-hispano por parte del mainstream*, yo no hubiera comenzado a escribir y, por tanto y lógicamente, no hubiera escrito jamás un solo párrafo narrativo, ni un poema.*

...no me arrepiento en lo más mínimo de lo que he escrito, de todo *lo que he escrito, ni de cómo lo escribí. En aquel momento pensaba así, y así salió.*

ENTREVISTA

Lupe Cárdenas (LC)
Profesor Alarcón, para comenzar quisiera preguntarle sobre el apodo o «título» por el cual se le conoce. Me refiero a lo de «El Profe».

Justo S. Alarcón (JSA)
Pues, mira, fue por allá, a principios de los setenta, cuando comencé a impartir clases para chicanos. Dos estudiantes amigos comenzaron a llamarme «Profe». Pronto cundió el «título», y con él me quedé. Añadiré que me agrada en gran manera, simplemente por haber salido de los estudiantes hispanos, con quienes siempre tuve y mantengo unas relaciones muy amistosas y cariñosas. Así que, como ves, me bautizaron con este apodo tan distintivo que llevo, y con él me he quedado gustosamente.

LC
Pues bien, comencemos con la primera pregunta obligada. ¿Dónde y cuándo nació?

JSA
Yo nací en un pueblo cercano a la conocida ciudad de Ronda, en la provincia de Málaga, que pertenece a la región de Andalucía, en el sur de España. Viví la mitad de mi vida en España y la otra mitad en Arizona. Con decirte que ya le pasé a la media centuria, ya te digo bastante. O sea, que ya soy viejo, aunque en realidad ni estoy ni me siento como tal. Pero los años pasan y uno no se escapa a esa ley de la naturaleza. O, como se dice popularmente, «la bolita rueda».

LC
El ambiente de su familia, ¿tuvo algo que ver en su decisión e inclinación como futuro escritor?

JSA
Directamente, no creo. Sin embargo, sí tuvo influencia remota en ello. Y esto por varias razones. Por una parte, mi padre se sabía de memoria una buena cantidad de poemas y de soliloquios de los grandes clásicos españoles. También pasajes de zarzuelas. Le encantaba recitárnoslas a nosotros, sus hijos. Por otra parte, mi padre fue maestro de escuela primaria. Nos hacía estudiar y leer mucho. De todo. Así que el terreno era propicio y la simiente vino después. Me atrevería incluso a decir que, esto de la escritura, vino mucho después.

LC
¿Qué libros de ficción leía en su infancia y en sus años de formación?

JSA
Los libros de ficción que leí de niño fueron muy pocos, porque la niñez y la juventud la tuvimos que dedicar al estudio de las materias asignadas para el curriculum, *que ya estaba completamente diseñado para cada año. No teníamos, en mi caso, ninguna decisión ni elección alguna en este asunto, al contrario de lo que ocurre aquí, sobre todo con los alumnos y los programas de la secundaria. Pero, claro, entre todas estas materias o asignaturas, también entraba la de la «literatura». Sin embargo, en aquel tiempo, no se acostumbraba a leer los «textos», sino más bien lo que se llama «historia de la literatura», tanto al nivel nacional como mundial. Pero los textos, «como textos», no.*

LC
¿Cuándo comenzó usted a escribir?

JSA
Siguiendo el hilo de la respuesta anterior, tendría que añadir que, cuando estudiaba la historia de la literatura, y también clase de composición en la secundaria, el profesor encargado de estas materias nos invitaba a que escribiéramos algo «de nuestra propia cosecha», es decir, algo original o de ficción. Recuerdo que tendría yo como unos trece o catorce años. «Se me calentó la musa» y escribí un cuentecito del cual nunca me pude olvidar. Nunca me pude olvidar, por lo que diré a continuación. No recuerdo el título, pero sí me acuerdo de que era algo onírico o surrealista. Dejando volar libre mi imaginación, hice un viaje transoceánico en una lancha-automóvil que yo construí en las células de mi cerebro. Tenía ruedas, tenía alas y también fungía de barco. Me iba nada menos que a las Américas. Bueno, con decirte que a los dos días más o menos, al entregármelo el profesor de redacción y de literatura, hinchó las narices (pues era muy narigudo y muy feo él, de eso tampoco me puedo olvidar) y me dijo: «¡qué asco de cuento!». Así mismo me la clavó, fría y cruelmente. ¿Cómo podría yo olvidar esta primera experiencia? Juré que nunca más escribiría cuentos. Tengo que añadir que, desde aquel entonces, tampoco me pareció que él era tan inteligente como se corría la voz entre aquella sociedad escolar.

LC
¿Cuál fue la causa principal y el
motivo decisivo en su vocación de escritor?

JSA
Suponiendo que yo tenga vocación de escritor, que es mucho suponer, responderé a tu pregunta de la siguiente manera. Como escritor de crítica literaria, lo que me obligó a escribir fue la necesidad. La necesidad para poder sobrevivir en el mundo académico, como tú sabes demasiado bien por propia experiencia. O sea, fue un trabajo como cualquier otro. Sin embargo, no puedo decir que no me haya gustado, ni que me disguste. Sí, me

gusta. Quizás no tanto por tratarse de «*pensar y criticar*» o de analizar la literatura desde un punto de vista literario. Fue más bien a causa del bagaje de otros conocimientos previos que ya traía conmigo antes de meterme en el campo de la literatura. Si te refieres a la escritura de ficción, es decir, a la labor de «crear» algo que te sale del alma y proyectarla en papel, entonces ya es otra cosa. Nunca en mi vida (desde aquel infame incidente transoceánico del que te hice mención) creí que tenía talento para literato. Nunca, hasta que un día, cuando vi en las noticias un caso abominable de tortura humana, me entraron ganas de gritar. Como no podía hacer esa barbaridad, por temor de que me tacharan de loco, comencé a dar vueltas por la habitación como un tigre enjaulado. Por fin, se me «prendió el foco». Tomé en la mano el arma de la pluma (no había computadoras en aquel entonces), me senté y dejé que el coraje corriera libre y se filtrara a través de la palabra. Así salió mi primer cuento intitulado «Ojo por ojo y...», que, dicho sea de paso, causó mucho «escándalo», no por lo pornográfico, sino por lo grotescamente fuerte. Desde entonces, no pude parar. ¿Podríamos llamar a esto «vocación de escritor», como tú la llamas? Si la vocación se revela a la manera de la fulminación de un rayo, como dicen que le ocurrió a San Pablo, entonces esa fue mi vocación. Tengo que añadir, sin embargo, que para cuando escribí este primer cuento, ya yo me había metido en el estudio y en la enseñanza de la literatura chicana. Como no había muchos textos o corpus literario, pues estoy hablando de principios de los setenta, me hice una pregunta sencilla: ¿por qué «no le entro yo también» a este quehacer de escritor? Me respondí a mí mismo por el lado afirmativo. Y ésta fue la ambientación en que anidó esa vocación por la escritura. Es decir, fue un aguijón procedente de las injusticias sociales, que me llegaron al alma. Por eso, algunos me tachan de «amargado» y de «combatiente». Y no carecen de razón, aunque también sé escribir «tiernamente» cuando me pongo a ello y dejo mis otros sentimientos íntimos fluir y aflorar.

LC
¿Puede hablarnos de los estudios que hizo en su carrera o carreras?

JSA
Sí, cómo no. Como te había indicado antes, mi padre, siendo maestro de primaria, fue nuestro propio maestro. Siempre nos exigió mucho. Ya

para la secundaria, me envió a un colegio privado, que aquí llaman «boarding school». Era regido por franciscanos. Ahí también exigían mucho. Ahí terminé mi secundaria. Continué después mis estudios de filosofía y también le entré a la teología. En otros términos, me hicieron estudiar mucho. A veces me resentía, pero hoy estoy muy agradecido a aquellos estudios intensos, disciplina férrea y, sobre todo, a los buenos principios que nos inculcaron durante tantos años. Después, como estudiante empedernido que era, cambié de derrotero. Me metí a estudiar sociología. Me fui al Canadá. Allí saqué otra maestría en esa rama del conocimiento. Rodando por el mundo, aterricé en Arizona a principios de los años sesenta. Aquí, de nuevo, cambié de carrera. Me inscribí en Arizona State University, en el programa de maestría en literatura hispánica. Al terminar, me fui a la Universidad de Arizona, en Tucsón, en donde obtuve el doctorado, también en literatura hispánica. Terminado el doctorado, comencé la enseñanza en Arizona State University. Esto fue en 1968. Desde entonces, aquí me tienes. Tengo que añadir, que tuve el atrevimiento de desarrollar, y la fortuna de impartir, como bien sabes, clases de literatura chicana y de cultura hispánica del suroeste, que yo mismo comencé en nuestro departamento.

LC
Estos estudios, ¿tuvieron influencia en su vocación de escritor y, si así fue, de qué manera?

JSA
Creo que no. A no ser de que admita el hecho de que la enseñanza de la literatura chicana, y de ver que esta literatura poseía un corpus *bastante reducido, haya tenido alguna influencia para que yo me lanzara a escribir y, de este modo, contribuir al desarrollo de dicho* corpus. *Si es así, entonces podría decir que sí, que esto tuvo algo que ver con mis escrituras. Pero sería una condición, más bien que una causa. Como te decía antes, la verdadera razón no radica en mis estudios, que sería una caso más bien cerebral, sino en la pasión, que es una cosa más cercana a lo instintivo que a lo racional.*

LC
¿En qué lengua comenzó a escribir usted y en cuál escribe ahora?

JSA
Yo diría que escribí, escribo y espero continuar escribiendo en español. El inglés, como sabes, no es mi lengua nativa. Aunque con frecuencia tengo que pensar en inglés y lo hablo, por necesidad, los sentimientos (raíz de la inspiración) me salen en español. Eso no quiere decir que no use el inglés según los personajes y las situaciones que lo pidan. Tampoco lo anterior excluye el uso del español popular, ni de lo que se ha venido llamando «Spanglish» y el code-switching, es decir, la mezcla de los dos idiomas, que también es una realidad lingüística. Si la literatura ha de reflejar la realidad vital de la gente que desfila por las páginas de una novela, es necesario emplear la lengua que refleja esa realidad. La lengua también es una realidad vital, quizás la más vital de todas las realidades.

LC
¿Hay alguna lengua «oficial» en la ficción chicana que sea distinta a cualquier otra cultura y literatura?

JSA
Sí y no. Sí, en el sentido de que la literatura, siendo una expresión verbal, bien oral o escrita, de la realidad de esa gente que desfila por sus páginas, tiene carácter de «oficialidad», aunque no exista ninguna ley que la canonice. En este sentido, creo que podríamos hablar de «oficialidad». Y no, en el sentido de que este fenómeno no es exclusivo del chicano. Piensa en otras realidades lingüísticas y vitales en las Américas, sin necesidad de apelar a otras muchas partes del mundo. En el Canadá, por ejemplo, nos encontramos con otra situación muy semejante, que es la de los canadienses franceses. Si vas a Latinoamérica, te encontrarás en México, por ejemplo, con tribus de indios que no sólo hablan dos lenguas, sino que se ven forzados a mezclar dos idiomas.

LC
¿Cree usted que la lengua en que escribe el autor chicano es importante como símbolo de la cultura del pueblo chicano sobre el que escribe?

JSA
Creo que sí. Pero el problema consiste en saber qué lengua es la lengua chicana. Por su propia naturaleza o, mejor dicho, por la situación peculiar y sociopolítica ambiental en que se encuentra el chicano, creo que no podría hablarse de una lengua chicana. El chicano usa, emplea y echa mano no solamente de una lengua, sino de dos y hasta de tres. El ambiente social es el que le dicta qué modo de expresión le es más favorable y útil. Así que, en términos generales, puede escribir en inglés normativo, en español normativo y en lo que se llama «Spanglish». Estas tres modalidades le son propias al escritor chicano, porque reflejan la realidad social cotidiana de su pueblo.

LC
En general, ¿por qué escribe usted?

JSA
Como te había señalado antes, escribo crítica literaria por obligación, aunque no me desagrada. Y ficción, por vocación. Una necesidad que sale de adentro, para expresar mis sentimientos, mi ideología, cualquiera que sea ésta, y mi «visión del mundo». Esta motivación o acicate que me mueve a escribir ficción tiene dos vertientes, en mi opinión: la fuerza interna y personal, que radica y brota del subconsciente o inconsciente, y otra que sale más bien de afuera, del consciente, estimulada por el objeto percibido.

LC
¿Puede explicarnos un poco más sobre ese motivo que llama «de afuera», o sea, externo que le obliga a escribir?
(como, por ejemplo, otros escritores, familia, ganancia, «publish or perish», etc.).

JSA
La filosofía clásica y tradicional nos dice, en términos asequibles a cualquier estudioso, que la facultad humana que motiva a la acción depende necesariamente de dos factores, el interno o subjetivo y el externo u objetivo.

Se requieren los dos polos para cualquier actividad, como la de escribir ficción, en este caso. Pero es que cada una de estas dos condiciones, para que existan dichas motivaciones e impulsos hacia la actividad, están rodeadas de múltiples facetas o variables. Concretándonos a las «razones externas» que motivan a escribir creo, en mi caso, que los ejemplos que acabas de mencionar, ninguno me motiva externamente a hacerlo. Si fuera a nombrar uno diría, como te había indicado al principio, que fue una casualidad, un momento preciso en la historia de mi vida: el de la injusticia y crueldad cometida contra unos cuatro «mojaditos» en la vecindad de Douglas, Arizona. Este fue el único impulso o motivación «externa» que me obligó a coger la pluma. Nunca he tenido ni tengo ambiciones de ganar dinero (que no lo rechazaría si lo hubiera, claro está) con mis escrituras, porque, si así fuera, me estaría muriendo de hambre desde hace años. Además, lo de «publish or perish» tampoco me movió a escribir, porque cuando obtuve mi «tenure», o propiedad de cátedra, el escribir ficción no se reconocía en aquel tiempo como «legítima actividad académica». Poco después cambió algo la cosa.

LC
¿Encuentra usted que el ambiente social, como la vida del chicano o el *mainstream*, le motivan a escribir?

JSA
Me parece que me estoy adelantando un poco a tus preguntas en lo que llevo ya dicho. En cuanto al «ambiente social» ya queda expuesto. De lo que no hice mención, es de lo que tú llamas «vida del chicano» y del «mainstream». De hecho, estos dos temas concretos van incluidos en lo de la motivación «externa» a que nos referíamos antes. No me cabe la menor duda, estoy absolutamente cierto, tengo la convicción dogmática de que si no fuera por la opresión, bajo las facetas política, económica, pedagógica, etc., de que ha sido objeto el chicano/hispano por parte del «mainstream», yo no hubiera comenzado a escribir y, por tanto y lógicamente, no hubiera escrito jamás un solo párrafo narrativo, ni un poema. Esto es lo que yo creo y pienso, pero quién sabe si me hubiera venido la inspiración y el deseo por otra parte. De eso tampoco sé nada. Pero tengo la impresión de que no lo hubiera hecho.

LC
¿Hay algún motivo político que le invita a escribir?

JSA
Yo, de política, sé poco. De hecho, soy muy mal político. Mi política es enfrentarme con las injusticias y pelear cara a cara. Es decir, me gusta la franqueza. Y, según tengo entendido y me dictó la larga experiencia, estas no son propiamente las virtudes de un buen político. Sin embargo, la política sí me ha dado cebo para la escritura. O sea, la inmoralidad en la política me ha traído frito y, por eso precisamente, he protestado desde la palestra y con la pluma contra esas injusticias, muchas de ellas creadas por la tortuosa política. Cuando hablo de política creo que me estoy refiriendo más bien a una política un tanto casera, no hablo necesariamente de la «alta política», de la «política de bombo». Esa me intriga, pero de ella sé poco, como te decía.

LC
El movimiento chicano de los '60 y '70, ¿tuvieron alguna influencia en sus obras?

JSA
Sí, mucha. Esto no parece contradecir en nada lo que te acabo de decir. Caigo en la cuenta de que, aunque un «movimiento» es necesariamente tangencial a la política, no tiene sin embargo un diseño estrictamente político. La política, en general, no tiene causas nobles. El movimiento, sea cual fuere, debe tener una causa noble. Teniendo en cuenta esta diferencia, claro que me ha influido mucho el movimiento chicano de los sesenta y setenta. Aun más, diría yo, que si no fuera por el movimiento social chicano, emparentado al movimiento de los derechos civiles que en ese tiempo se llevaba a cabo en este país, yo no hubiera tenido razón y motivo para empuñar la pluma. Estábamos peleando contra la explotación a todos los niveles. Creo, sin temor a dudas, que la mayor parte de las obras de creación literaria chicana de esa época, se debieron todas o casi todas a esta actitud combatiente que permeaba por todas partes y en todas las

actividades del quehacer chicano, entre ellas, naturalmente, la labor literaria y artística.

LC
¿De otra parte, hubo algún motivo fuerte interno que le empujó a que usted escribiera?

JSA
Creo, Lupe, que con lo que dije antes, refiriéndome a otras preguntas tuyas, ya ésta queda satisfecha. Pero sí, creo que el motivo «interno», condicionado por las circunstancias vitales del chicano, fue el más determinante.

LC
¿Cree que tenía usted, y todavía tiene, algo que decir a los lectores?

JSA
Pecaría contra la virtud de la humildad si dijera que tenía y que aún tengo algo que decir a mis lectores, si es que los tengo. En mi caso, lo que sinceramente creo es que yo tenía que decirme algo a mí mismo. Creo que tenía deseo de ver escrito en papel mis sentimientos, mis ideas y mis convicciones personales frente al abrumador medio ambiente social del chicano. Lo que escribí, y estoy escribiendo, es una especie de espejo para poder reconocerme a mí mismo. Es «un pensar en alta voz». Si es que pensé en decir algo a unos supuestos lectores, yo diría, y valga la ironía, que se trata de unos lectores no sólo desconocidos en el presente, sino futuros. Sí, futuros, pues si he tenido alguna razón externa, en cuanto a lectores se refiere, es una especie de documento futuro sobre el pasado y el presente. En otras palabras, las copias que me correspondieron de mis obras las tengo guardadas casi todas en mi garaje. Las regalo a amigos de vez en cuando y a alguna que otra biblioteca. Lo que sí pretendo es que algún día, ya después de muerto, algún investigador trasnochado descubra alguna de mis obras enterradas entre legajos de papeles y libros y diga: «¡Chihuahua, qué cosas pasaban en la segunda mitad del siglo veinte! ¡Cómo vivían los llamados chicanos en aquel tiempo!». Si ocurre esto, me doy por satisfecho. Habré colaborado al conocimiento histórico de algún futuro candidato al doctorado

en literatura chicana. Puedes ver, por lo que acabo de insinuarte, que no tengo grandes ilusiones de llegar a ser famoso en vida, ni siquiera después de muerto.

LC
Si no hubiera encontrado el vehículo literario que encontró para expresarse, ¿de qué otra forma podría haber comunicado sus mensajes?

JSA
Como tú bien sabes, mis mensajes personales, tanto ideológicos como históricos y literarios, los expresé siempre y durante mucho tiempo en mis clases. Este fue el vehículo que yo diría normal y común, por tratarse de mi dedicación diaria a la enseñanza. Lo de expresarme a través del vehículo literario vino después, bastante después, diría yo. Es muy posible que la simiente estuviera gestando, sin yo saber, en mi inconsciente. Pero así, a la luz del día, diría que el vehículo normal, y quizás más convincente, fuera el de la enseñanza.

LC
¿Se arrepiente usted de haber escrito lo que escribió o cómo lo escribió, o hubiera querido cambiar de orientación?

JSA
A esta pregunta me sería difícil contestar, por ser compleja. No la pregunta, sino la respuesta o respuestas a esa pregunta. Mira, para decirte la verdad, no he releído mucho lo que escribí. Sí, me acuerdo de ello, e incluso del estilo o estilos empleados. Aunque también tengo que confesarte, muy calladitamente, que hasta me he olvidado ya de algunos o de muchos de mis personajes. De los principales, no, pero de otros secundarios o terciarios, sí. Pero, para realmente contestar a tu pregunta, tendría que decirte que no me arrepiento en lo más mínimo de lo que he escrito, de todo lo que he escrito, ni de cómo lo escribí. En aquel momento pensaba así, y así salió. Sería injusto conmigo mismo si dijera lo contrario. Esto no quiere decir que si lo volviera a escribir hoy lo escribiera del mismo modo. No. El «Profe» de aquel tiempo (más joven) no es el mismo «Profe» de hoy

(ya más viejo). La vida cambia, las ideas cambian, por sufrir los vaivenes y los zarandeamientos consabidos de la vida. Así que, no cambiaría nada. Fue algo confesional y mucho de convicción. Para bien o para mal, me siento orgulloso de lo que fui y soy, de lo que escribí y de lo que escribo. Como persona, sin embargo, soy yo el mismo en todo. Así de claro te lo digo.

LC
Entre las dos razones que le motivaron a escribir, ¿cuál fue la más fuerte, la interna o la externa?

JSA
La interna, con un poco de salsita externa, como ya te expliqué.

LC
Dejando la humildad de lado, ¿quiere que se le recuerde como escritor? O, dicho de otra manera, ¿le ha contagiado la fiebre de la inmortalidad», como les ha pasado a otros escritores?

JSA
Lo que les ha pasado o no a otros escritores me trae sin cuidado. De veras. Respeto sus motivos. Cada uno tiene derecho a lo suyo, sobre todo en lo tocante al foro interno. ¿Si quiero que se me recuerde como escritor, dices? No. Quiero que se me recuerde como un hombre de bien, un hombre que peleó en esta vida por una causa que él creía justa, aunque se haya equivocado. Como escritor, no. Como congénere del ser humano, que utilizó la escritura para exponer los valores y principios humanísticos por los que ese escritor peleó, sí. Enfáticamente, sí. No me puedo sustraer a ese género o especie que se le llamó «ser humano». La escritura no es una criatura humana y, en mi opinión, no vale nada si es que no va dirigida al mejoramiento de ese ser racional y social llamado hombre. Y creo que, al decir esto, ya estoy contestando a la segunda parte de tu pregunta, es decir, no me mueve nada esa «fiebre de inmortalidad» de que hablas, que contagió a tantos. Te diré, también calladitamente, que la «inmortalidad literaria» de un escritor, evidentemente después de muerto, a la que te referirás, no es inmortalidad. Será «recuerdo» en la mente de los que le sobreviven. Pero esa clase de inmortalidad, ni alimenta ni satisface a nadie, sobre todo ya muerto. Por la simple razón de que no se dará cuenta de que sobrevive él

mismo en la mente de los demás. Creo que esa inmortalidad literaria, si no va unida a otra posible inmortalidad de otro orden, como nos enseñaron de niños en el catecismo, se la llevará el viento. Con esto no quiero que pienses que me estoy contradiciendo con lo que dije antes, o sea, que la única intención que tengo de que mis obras sobrevivan en una estantería perdida de cualquier biblioteca, es de que les valgan a algunos trasnochados bibliotecarios o estudiantes graduados para sus tesis sobre lo que fue el chicano en el siglo veinte. Pero, como ves, esto no es lo mismo que «inmortalidad literaria».

LC
Cuando está escribiendo, ¿tiene usted en mente al lector?
Y si así es, ¿a qué clase de lector?

JSA
Te va a parecer muy extraña la respuesta. No, no tengo en mente a ninguna clase de lector. Si te dijera que el único lector que tengo presente mientras escribo soy yo mismo, ¿me lo creerías? Como te había indicado antes, escribo para verme yo mismo, algo así como un narciso intelectual. Como un espejo de lo que yo pienso, pues, mientras pienso, no veo lo que estoy pensando, y, después de pensarlo, se me esfuma, como se me esfuman los sueños. He tratado repetidas veces de recordar mis sueños, y no lo logro. Alguna vez, cuando despierto, me acuerdo del rabito de un sueño, por así decir, trato de fijarlo en la memoria y, minutos después, se me fue. Se me fue para no volver más. Así me ocurre con los pensamientos (no los conceptos, que es otra cosa muy diferente). Los pensamientos tengo que grabarlos en papel, de otro modo se me escurren y ya no regresan más, por lo menos conscientemente. Así que, ¿para quién escribo cuando estoy escribiendo? Para mí mismo. Mis libros yo no los distribuyo, a no ser a algún amigo o a alguna biblioteca, como te indiqué antes.

LC
¿Le preocupa el crítico durante el proceso creativo,
o después de haber escrito, o nunca le preocupa?

JSA
No sabría qué decirte. Algo de eso puede haber, aunque no mucho. He oído decir que yo escribo con mucha amargura, que soy muy duro, que es muy triste «mi» realidad novelística. Esto solamente lo he oído, porque se ha escrito muy poco sobre lo mío. Y quizás sea cierto. Pero éste fue precisamente mi propósito, el de atacar duramente la opresión y las injusticias. No creo que haya otra manera. Por lo menos para mí. ¿Me preocupa esta opinión o juicio sobre mí o sobre lo que he escrito? Pues, no. Porque no están diciendo mentiras. Es la verdad. Pero, como no he publicado (todavía) cosas «lindas», por eso no saben que tengo otro lado muy apacible, incluso tierno, diría yo. Es que la realidad vital y socialmente opresiva del chicano/hispano en general es muy dolorosa. Pero, volviendo a la opinión o juicio de los críticos, no me preocupan gran cosa. Más, creo que, cuando hacemos la labor de críticos, muchas veces no le estamos dando al clavo que tenían en mente los autores. El crítico tiene otra función. Se ha dicho repetidamente que la función del crítico es la de analizar y exponer la obra literaria. Me parece que no es completamente cierta esta expresión. El crítico analiza, no necesariamente la obra literaria, sino que emplea métodos que, en la mayor parte de las circunstancias, no han brotado del texto literario, sino que se han basado en teorías, muchas veces procedentes de otras ramas del conocimiento. O sea, el crítico, más bien que crítica, está haciendo ejercicios intelectuales, que pertenecen a la facultad de la inteligencia, que no tienen mucho que ver con la literatura, que, a su vez, pertenece a la facultad inventiva o a la imaginación. Son dos facultades y dos objetos completamente distintos. Así que hay que respetar al crítico por su labor específica, y al escritor por la suya, también específica. Creo que, como te dije, yo, como escritor de ficción, escribo para mí mismo. Igualmente, creo que, como crítico, escribo también para mí mismo. Soy dos «yoes» muy diferentes. De todos modos, teniendo en cuenta estas distinciones, y para volver a contestar a tu pregunta, no me preocupa la opinión de los críticos sobre mi obra, como tampoco debe preocupar a otros autores mis aproximaciones críticas sobre la obra creativa de sus obras.

LG
¿Cómo catalogaría usted su obra: como documento, como objeto de placer, como producto artístico o, simplemente, como una obra literaria total?

JSA
De «obra literaria total», nada. No creo, ni siquiera incluyendo a Don Quijote, que haya una obra literaria total. Tampoco creo que lo que yo escribo pueda realmente considerarse como «producto artístico». No me creo como talento artístico en el sentido estricto de la palabra. Quizás esto sea rebajar un tanto mi talento, o quizás la humildad (que es la verdad) no me lo deje ver claramente. Pero, sí, creo que yo escribo por un placer muy recóndito, que no me lo puedo explicar bien. Es un «placer» como cualquier otro, el de producir algo, sea bueno o malo, pero algo. En cuanto a la primera posibilidad que mencionas, es decir, «como documento», de eso sí estoy seguro. Si para algo va a valer lo que escribo, como te lo expresé antes, es como «documento». Eso es lo que he tenido en mente, una literatura documental o «testimonial». Testimonio de lo que experimenté, de lo que mis sentidos han visto, oído, tocado y sentido, y de lo que mi intelecto y facultad emotiva han comprendido y sentido profundamente ante una realidad vivencial.

LC
Hipotéticamente hablando, ¿escribiría si supiera usted que no iba a tener un público lector adecuado o apropiado?

JSA
No he puesto mientes en ello, pero, ya que me lo preguntas, tendría que decir que sí, que, aunque no tuviera ningún público, me sentiría con la necesidad de grabar en papel lo que he pensado y sentido. Más, quisiera documentar todo lo que siento, pienso y veo. Pero sería imposible, pues yo mismo no tuviera tiempo suficiente para hacer todo eso.

LC
En general, ¿sobre qué temas escribe usted?

JSA
Hasta ahora, sobre temas que podríamos denominar sociales. De temas que conciernen al hispano o chicano en el suroeste de este país. Eso en términos globales, aunque, viéndolo bien, podríamos decir que, sacando la máscara o el colorido local, pudieran muy bien considerarse temas

universales, como universal es todo ser humano. Como te había dicho antes, me duele el sufrimiento humano, me duele la explotación injusta de los míos, me duele, sobre todo, el maltrato que reciben los niños hispanos indefensos. ¿Qué más quieres que te diga? Supongo que, para contestar a tu pregunta, habría que leer lo que he escrito o releerlo, tratándose de mí mismo como lector de mi propia obra.

LC
¿Hay algún tema sobre el que quisiera escribir y sobre el que no ha podido escribir? ¿Por qué?

JSA
Sí, muchos. Quisiera escribir una novela sobre las misiones del suroeste. Me fascina ese tema. También quisiera escribir una novela entera sobre el chicano/hispano en la universidad. Me lo he propuesto varias veces, pero no sé por qué razón no soy capaz de comenzar. Creo que pronto lo haré. Me gustaría escribir una colección de cuentos sobre niños y para niños. Me encantaría escribir una novela histórica sobre aquellos tiempos del descubrimiento y de la colonización hispánica del suroeste. Pero no hay tiempo ni energías para todo, y esto duele.

LC
¿Cree usted que hay temas que le están prohibidos al escritor chicano o que, por razón de su delicadeza, no debe escribir?

JSA
No. Si hubiera temas prohibidos, entonces mejor sería no escribir. El escritor, como cualquier otro artista, debe gozar de la libertad suma y absoluta, si es que la hubiera. El arte respira libertad. Se alimenta de la libertad. Debe dejar las alas libres para volar sin preocuparse de nada. Si es necesario, el arte debe ser incluso irrespetuoso. El único valor del arte es ser artístico, no moralista, ni político, ni religioso, ni nada de eso. Cada rama del conocimiento, cada estilo de vida, cada generación tiene su marco delimitado y reducido. Las ciencias del saber, por su propia naturaleza, tienen su terruño delimitado. Incluso la filosofía, que debe ser la ciencia de la universalidad, no puede meterse a ser ciencia aplicada, ni arte. Solamente el arte en sí y como tal no es reductible a ningún campo. Y esto, por su

propia naturaleza. Así que la pregunta, como tú la haces, implica que el arte está sujeto a ciertas normas extra artísticas, como las normas morales. Quiero decir, sin embargo, que la pornografía, hablando de un ejemplo moral, no es parte del arte. La pornografía, como tema, pertenece al dominio de la moral, no del arte. La moral puede enjuiciar «moralmente» al arte, pero entonces ya no es un juicio «artístico». Y si dijéramos que una novela es esencialmente pornográfica, quizás dejara de ser novela y, por tanto, arte. Y lo mismo se puede decir tocante a otros temas. En fin, el artista, o literato en nuestro caso, no debe ponerse trabas de ninguna clase, siempre y cuando haga arte y escriba por razones artísticas. Espero haber contestado a tu pregunta.

LC
¿Qué temas importantes no ha tocado todavía la literatura chicana? ¿Por qué no?

JSA
Muchos temas. Me sería imposible enumerarlos. Baste con decir que, dado el campo ilimitado de la vida humana, que es como un océano sin horizontes ni fondo, el número de escritores, siendo limitado, impondrá por necesidad una limitación al tratamiento de la temática. La desproporción es evidente. Visto de otra manera, podríamos decir que la potencialidad del grupo humano llamado chicano, como cualquier otro grupo humano, sobrepasa la potencialidad del grupo llamado escritores. Por tanto, la variedad de posibles temas sobre el chicano, es y será inalcanzable e inagotable.

LC
¿Cree usted que el escritor en general, y el chicano en particular, es libre de escribir sobre lo que quiera? O, dicho de otro modo, ¿cree usted que el público lector o la sociedad le impone límites al autor chicano?

JSA
La sociedad o lector no debe ni puede poner límites al escritor o al artista. El arte no tiene límites. Los «límites», si es que existen, se los

impone el artista o escritor a sí mismo. Si el escritor se pone límites, deja de ser artista. Deja de ser artista en el sentido que no desempeña su vocación de artista. Se priva de su libertad, o, mejor dicho, su arte será tímido y, por tanto, limitado. Le faltaría aire y visión. No sería auténtico. Para contestar simplemente a tu pregunta, yo diría que el artista es libre para escribir lo que quiera y como quiera, con tal de que sea fiel y auténtico a su arte, al Arte.

LG
En general, ¿siente usted la necesidad de escribir?

JSA
De una u otra forma, creo que ya te he contestado a esta pregunta. Pero lo resumiré del siguiente modo. Necesidad perentoria y apodíctica, de vida o muerte, no. Pero sí hay una necesidad que, si no se le da la oportunidad de desahogo, el escritor se impacientará hasta que la obra salga a luz. Yo, personalmente, siento necesidad, pero no una necesidad imperante. Quizás por no ser escritor profesional o, mejor dicho, por no ser un artista por destino de la naturaleza, no siento esa urgencia febril que dicen que sintieron algunos que, al no producir, rayaron en la locura.

LG
¿Necesita usted una atmósfera o ambiente adecuado para poder escribir?

JSA
No creo que tenga que haber necesariamente una atmósfera especial para poder escribir. Eso depende de individuos, de cómo se sienta cada uno en un momento dado. A mí, personalmente, me gusta escribir durante la noche, cuando todo está en calma, cuando no se oye ningún ruido alrededor. Y esto para poder concentrarme totalmente en lo que estoy haciendo. Pero supongo que habrá algunos a quienes estos detalles no les perturben.

LC
¿Cuáles fueron los primeros pasos o etapas en la gestación de su obra? ¿Controla usted esta primera etapa del proceso? ¿Cómo diseña o planea la obra en gestación?

JSA
Esta pregunta se me hace muy interesante por las posibles ramificaciones a que se presta. Creo que te refieres, en general, al proceso de creación. Este es un mundo desconocido, incluso para los autores. Digo «desconocido, incluso para los autores» o artistas, porque se refiere a un complejo mecanismo, mezcla del proceso del consciente y del inconsciente. La chispa que origina todo esto es muy simple en apariencia, pero muy nebulosa. Si fuera clara, se podría analizar fácilmente la obra de arte. Porque, queramos o no, la mística artística es eso, una mística. Un misterio que nos atrae, por ser incomprensible a la razón. Yo ni sabría decirte cómo comienzo, ni cómo prosigo lo comenzado. Lo que te puedo decir es que, en un momento dado, se me ocurre un tema, una situación o un deseo. Todo el sistema nervioso, espiritual o psíquico e intelectual comienza a funcionar como un reloj. Te embebes en el proceso y no tienes tiempo para estudiarte a ti mismo en el momento que lo estás haciendo. Poco a poco se va desarrollando lo que estás haciendo, y te involucras de tal manera que, en momentos, parece como si estuvieras en trance. De vez en cuando te retiras momentáneamente de ese quehacer, pero no completamente. Durante ese intervalo, «planeas» seguir adelante. Hay momentos, digamos, de clarividencia. Entonces te pones a pensar si la cosa lleva o no una estructura. Si crees que no, entonces tratas de «razonar», de reflexionar sobre dicha estructura. Quizás puedas corregir o enderezar «racionalmente» la dirección que seguías, o emprender otra. Pero el «duende» te persigue y no te deja ver con toda claridad racional lo que pretendías hacer más. En fin, para no hacerte largo el cuento, al terminar, lo relees, lo pules un poco, pero te parece que no hay que hacer mucho. Lo que te salió, te parece «auténtico» en ese momento. Si lo corriges mucho, lo transformas. Entonces «ya no es» aquello que hiciste. Es otra cosa. El dilema, entonces, es guardar aquello que te salió espontáneamente o dar al público algo que fue conscientemente

y racionalmente retocado. Uno corre el peligro de dar a luz una criatura espuria y estéril. Este es un dilema. Yo, por lo general, me limito a «editar» el trabajo ya engendrado. Releyéndolo tiempo después me pregunto a veces si fui yo el que escribió «esa cosa». Es todo, en pocas palabras. Creo, a mi manera, haber contestado a tu pregunta.

LG
Una vez comenzada la obra, ¿controla usted la obra/personajes o ella/ellos le controlan a usted?

JSA
La respuesta a esta pregunta va implícita en la anterior. Yo controlo la semilla, el germen. Es decir, se me ocurre un tema, una situación, una impresión. Me propongo desarrollarlo. Me siento capacitado para hacerlo. La concentración llega a tal grado a veces que, sin darte cuenta, la cosa que tienes enfrente de ti te dicta fundamentalmente qué hacer. Son vasos comunicantes. El yo y el objeto se hacen uno. La obra me controla controlándola yo o, a la inversa, controlando yo el objeto sobre el que trabajo, ese objeto mismo me dicta a mí cómo tratarlo. Es como el fenómeno del amor. No hay amor de «un solo sentido», como popularmente se dice. Al amar, amas altruísticamente, sin dejar de hacerlo, por eso mismo, egoísticamente.

LG
¿Cuánto de «pura ficción», cuánto de «realidad o experiencia personal» y cuánto de «pueblo» hay en sus obras
y en qué proporción?

JSA
Algo de todo. Sería temerario tratar de poner la obra creativa en términos estadísticos o de porcentajes. Creo que, en lo que yo escribo, hay una buena dosis de cada uno de estos elementos. En términos generales, la obra final es el resultado de un objeto pensado o sentido y de un sujeto pensante o sintiente. El matrimonio entre los dos hace la obra final. En cuanto a mí, tengo que confesar que, en toda la narrativa que he escrito, hay

mucho de «ficción», por el simple hecho de que he dejado volar la imaginación. Pero, todo ese vuelo imaginativo ha estado sujetado por una camisa de fuerza que fue un hecho «real» u objeto social humano, visto con mis propios ojos o experimentado por mí de alguna forma. Creo yo que una creación puramente ficticia no podría llevarse a cabo sin estar asentada en un fundamento bien real. La obra artística no puede crearse en un vacío herméticamente cerrado. Como dije, son vasos comunicantes. En fin, en mi obra hay mucho de «ficción», mucho de «realidad» y mucho de «pueblo». Si quieres preguntarme más tarde por hechos específicos referentes a alguna obra en particular, te los podré señalar y, al mismo tiempo, confirmar lo que te estoy diciendo.

LC
Cuando escribe, ¿qué relación ve usted y qué porcentaje le da a sus obras entre forma artística y contenido temático?

JSA
Otra vez, sería difícil acuñar estadísticas. Pero, así, a «ojo pelón», se me ocurre decirte que mitad de una y mitad de otro. Este tema fue, es y será un punto candente en la crítica literaria. Tendríamos que volver a las fuentes clásicas para calmar la temperatura de la crítica diciendo, simplemente, que no hay forma sin contenido, ni contenido sin forma. La forma «informa» el contenido y éste «contiene» la forma. Por mi parte, dado el propósito que escogí, el de criticar ásperamente la opresión y las injusticias sociales sufridas por nuestro pueblo, me pareció que el contenido era más importante que la forma. Sin embargo, a veces tengo la impresión que la preferencia por la forma ofuscó un tanto la fuerza que quería darle al contenido. Siempre he tenido cuidado con lo de la «forma» y con la estructura o andamiaje, sobre todo, del cuento. A veces hasta me dio la impresión de una cerrazón osificada o esqueleto anquilosado. Pero ahí se lo dejo a los críticos para que, si quieren, se diviertan. No sabría decirte más, a no ser que me señalaras algún texto concreto.

LC
¿Cuánto de consciente y cuánto de inconsciente hay en su obra?

JSA
Creo que la respuesta a esta pregunta tendría que seguir la misma línea de pensamiento o análisis explicativo que le di a las dos anteriores. No puede haber obra creativa solamente trabajada con el consciente, porque entonces sería más bien un ensayo cerebral que una pieza literaria. Como tampoco puede haber una obra creativa que proceda simplemente del inconsciente, porque, entonces, no sería analizable. Los dos extremos se oponen, no por ser incompatibles, sino porque son incapaces de producir independientemente una obra de arte. Se suponen, se necesitan y se nutren mutuamente. Ya para contestar directamente a tu pregunta, me parece que tendría que decir otra vez que hay una buena dosis de ambos. El consciente va guiando al inconsciente. Aquel es la luz plena que ilumina el sendero por donde va pasando el viajero ciego, que es el inconsciente. Pero el viajero es el que lleva el cargamento que el guía, aunque ve, no siente. La luz, la forma, el ropaje pertenecen al dominio del consciente. El contenido, la sustancia y el calor son dominio del inconsciente. Esta es la manera de cómo yo veo este asunto, complejo por demás.

LC
Después de terminada la obra, ¿se ve el autor reflejado en ella? ¿La reconoce como criatura suya o la ve como algo ajeno a usted?

JSA
Una vez terminada la obra, el creador sí se ve reflejado en ella. Tiene que verse. Sin embargo, y hablo solamente partiendo de mi experiencia personal, la veo como algo «desprendido», algo que se me fue y que ya no me pertenece totalmente. Quizás, y por eso mismo, uno la ve desde «afuera», más objetivamente. Le parece hasta algo extraña, como algo que se rehúsa a aceptar como totalmente auténtica. Como una hija espuria, pródiga, que se va y se va, quizás para jamás volver a formar parte de uno. Hasta cierto punto, duele. Duele como si se le arrancara algo al alma. Pero, por otra parte, se alegra, porque es algo que el autor ha dado de sí y quiere consciente o inconscientemente compartir con otros. Además, es otra criatura que se ha dado a luz y que se le ha dejado suelta para que pueda gozar de su propia vida y libertad.

LC
¿Quisiera añadir algún otro comentario más sobre su obra, sobre los críticos o sobre el público lector? ¿Algo que no se haya incluido en esta entrevista?

JSA
Francamente, creo que ya he hablado mucho. Quizás demasiado. Sí, habría otras muchas cosas más sobre qué disertar, pues el tema es inagotable, pero, si te parece, podríamos dejarlo para otra ocasión.

LC
Bien, pero, para terminar, ¿pudiera usted enumerar, para el lector que no tuvo la oportunidad de leer sus obras, algunos de sus títulos?

JSA
Dejando de lado el quehacer de los trabajos críticos, que son bastante numerosos y áridos, he escrito Chulifeas fronteras *(1981), que es una colección de cuentos sobre vivencias que se llevan a cabo precisamente en la «frontera» entre los Estados Unidos y México. Estas vivencias resultan ser más «feas» que «chulas». Esta obra fue publicada por la ya difunta y desaparecida editorial Pajarito, de Nuevo México. Después le siguió una novela que lleva por título* Crisol *(1984). Como el mismo título indica, el tema principal es el del mentado «melting pot» estadounidense, que, en realidad, resulta ser todo lo opuesto. Esta novela me la publicó la editorial Fundamentos, de Madrid. Más tarde apareció otra novela corta con el título de* Los siete hijos de La Llorona *(1986). Esta última apareció en México. Me gustaría añadir que, a causa de su ataque desvelado a diversas instituciones norteamericanas, dos editoriales hispanas de este país la rechazaron. Una diciendo que mi novela no correspondía ni a su «filosofía, ni a la realidad» y la otra editorial, porque esta novelita era «melodramática». Pero México se encargó de publicarla. Por último, tengo un libro de poesías, intitulado* Poemas en mí menor *(1991). Este librito acaba de ver la luz. Y fue publicado por la editorial Alta Pimería, de Sonora, México. A parte de estos libros, he escrito piezas cortas aparecidas por aquí y por allá.*

LC
¿Pudiera descorrer un poco la cortina y des-velarnos algún otro título de obras en ciernes?

JSA
Como sabes bien, estos secretos no se comparten con nadie. Sin embargo, como se trata de ti y, por otra parte, no me considero un escritor ortodoxo, sino más bien heterodoxo, te revelaré que sí tengo otras obras «en ciernes», y algunas ya terminadas. Por ejemplo, ahora mismo tengo un manuscrito en prensa. Lleva por título Los dos compadres: cuentos breves del barrio. *Otro librito de poesía está a punto de completarse. No sé con qué título lo bautizaré. Al mismo tiempo estoy trabajando en otro futuro libro de poesía, para el cual ya le tengo un nombre. Estoy seguro que se titulará* Sueños goyescos. *Como ves, no es necesario exponer al lector de esta entrevista el contenido de cada uno de estas obras, pues los mismos títulos «re-velan» el secreto.*

Estructuras narrativas y simbólicas en el cuento «Despojo»[2]

El cuento «Despojo», de Justo S. Alarcón, forma parte de la colección de ocho cuentos intitulada *Chulifeas fronteras* (1981). Si bien todas estas breves narraciones están montadas sobre intrincadas estructuras y salpicadas de frecuentes símbolos, el cuento del que trataremos aquí, ocupa, a nuestro parecer, el primer lugar en cuanto a estructuras compactas y símbolos profusos.

Argumento

El argumento es sencillo. Se trata de un día o, hablando con más precisión, de una noche en la vida de una muchacha chicana, cuya ocupación es la de ser vedette en un cabaret de la frontera. Ella representa el foco central en una miríada de personajes anónimos que entran y salen, aparecen y desaparecen de la escena, como luciérnagas o fuegos fatuos. El maestro de ceremonias, también anónimo, es el eje sobre el cual gira la función sacro-profana del *show* cabaretero. Nicolasa Aguirre entra en la escena siete veces, desapareciendo de ella otras tantas. Como es de esperar, por tratarse de una función de esta naturaleza, cada entrada y cada salida va acompañada de piezas musicales. Aparece la vedette al son de ritmos latinos, y desaparece al son de ritmos sajones. La audiencia, en crescendo, se va alelando más y más hasta que finaliza todo el *show* en una especie de orgía dionisíaca.

Elementos estructuradores

Creemos que una de las características más importantes del cuento *Despojo* es la de la transformación. Esta nota implica, a su vez, movimiento, que es un elemento necesario e indispensable al desarrollo de esta breve narración. Al decir «movimiento» queremos indicar con ello que, tanto al nivel de la estructura como al nivel de la representación, este cuento se caracteriza por un fuerte dinamismo. Este dinamismo, a su vez, se refrena un poco a causa del uso prolífico de metáforas y de una extensa alegoría que envuelve a toda la narración. La característica de la transformación y el elemento del movimiento son las dos notas fundamentales que, a nuestro juicio, sobresalen en *Despojo*. Pero hay más. Lo que pretendemos, por el momento, es asentar esta premisa como punto de partida de nuestro análisis.

Usando la terminología en moda, podríamos referirnos al discurso literario y a los códigos semánticos que subrayan la técnica empleada en este cuento. Todas las descripciones giran alrededor de dos códigos literarios fuertemente distinguibles, que son el profano y el sagrado. Para conseguir el efecto deseado, el autor maneja estos dos códigos hasta la saturación. Los va entretejiendo de tal manera que parecen ser las dos caras opuestas de la misma moneda. En términos musicales, podría expresarse la misma idea, y mejor todavía, empleando el término de contrapunto o fuga. Nos parece que este contrapunto es el fundamento sobre el cual se desarrolla y sobre el que discurre la técnica narrativa del presente cuento.

Concomitantemente a esta técnica de base musical, el autor hace uso de un número abundante de metáforas, que, al relacionarse entre sí, se convierten en una alegoría totalizadora, como queda dicho. A partir de aquí, iremos presentando por segmentos esta estructura global a la que nos venimos refiriendo.

Antes de entrar en pormenores analíticos, nos parece juicioso tocar otros puntos que contribuirán al análisis total. Por ejemplo, notamos con toda claridad que el cuento se divide implícitamente en siete partes. A simple vista, esta división nos viene dada por siete diálogos breves de dos voces que se van alternando repetidamente. Este dúo dialogado funge como técnica de *flashback* o de retrospección en la vida de la vedette. Pero, a un nivel más profundo, estas divisiones, a base del número siete, son indicativas de la «transformación» de la protagonista Nicolasa Aguirre o, si se quiere, del «despojo» onomástico y vestimental y de la concomitante transculturación de la vedette.

Nos adelantamos a decir que el mensaje del cuento es el siguiente: la desculturalización mexicana paulatina del chicano que vive en la frontera méxico-estadounidense. Partiendo de este propósito del autor, nos preguntamos de inmediato, ¿cómo se lleva a cabo esta desculturalización a través de la técnica narrativa? Yendo por partes, trataremos de dar respuesta a esta pregunta general.

Ubicación y ambiente de la narración

El cuento comienza situando la acción en una de tantas ciudades fronterizas que existen a lo largo de la franja divisoria entre Estados Unidos y México. Se supone que la acción ocurre un día, o noche, en un fin de semana. Hay indicaciones claras de que el lugar es desértico y de que es la estación de la primavera. También sospechamos que este lugar se halla en la región fronteriza entre el estado de Texas y el estado de Chihuahua, por lo que se desprende del final del cuento. Además, hay indicaciones de que los personajes actuantes (policías y bailarina) son chicanos «disfrazados» de anglos, como se desprende del final del cuento.

> Por el Sandunes Boulevard se oyeron sirenas, cascos y pisadas. Los portones del templo, rojos y de hierro chapeados, se abren de par en par. De pie se pararon dos *prietos Lone Stars*. Milagro. La edénica *diosa portaba un southernbelle* (nuestro el énfasis) (37).

Podríamos aventurarnos a decir con más precisión que la acción de este cuento se lleva a cabo en una de las dos ciudades hermanas de El Paso, Texas, y Juárez, Chihuahua. Con toda probabilidad, se trata de Ciudad Juárez.

El texto de la introducción del cuento nos sirve muy bien de punto de partida.

> Era a principios de primavera. La avenida International Sandunes Strip estaba cubierta de palmeras, de juníperos y de rosales en flor [...]. La brisa primaveral dejaba al descubierto dunas epidérmicas que brotaban por entre los follajes de arbustos paradisíacos [...]. A lo lejos, los sahuaros erectos clavaban sus raíces en el suelo (30).

Este corto pasaje introductorio nos proporciona una de las claves básicas para comenzar nuestro análisis literario. Habíamos dicho al principio, al hablar de las metáforas y de los códigos lingüísticos, la importancia del elemento profano vis-à-vis el elemento sagrado. En esta cita observamos la recarga de la primera clase de códigos, i.e., el profano o, con más precisión, el sexual. Tenemos que recalcar que este código profano y sexual se usa con mucha profusión porque, lógicamente, es lo que se espera de un *striptease show* o «despojo». Queremos subrayar ciertos términos que comprueban nuestro aserto. Por una parte, observamos que se trata de la primavera, estación de verdor, de vida y de fertilización. Son estos elementos esenciales para la actividad procreadora. Por otra parte, observamos que hay indicaciones, tomadas de la naturaleza, que se refieren al ser humano, bajo su doble propiedad sexual: lo masculino y lo femenino. «La brisa dejaba al descubierto dunas epidérmicas» (senos femeninos), mientras que «los sahuaros erectos clavaban su raíces en el suelo» (falos masculinos). Estos elementos, tomados de la naturaleza, vienen seguidos y duplicados por el contrapunto de los elementos del ser humano. Así leemos que «las damas, buscando los rayos del primerizo sol, abrían el escote a sus dunas palpitantes de vida y de fuego» (30). Con esta cita vemos claramente la superposición del código sexual, lo cual confirma nuestro aserto.

El *Cuervo's Nest*: el cabaret

Si bien la vedette Nicolasa Aguirre es el centro alrededor del cual gira toda la acción, no cabe duda de que el trasfondo en el que actúa es indispensable para que el espectáculo se lleve a cabo. Podríamos dividir este trasfondo escenográfico en tres partes muy demarcadas: en un primer plano exterior, el anuncio neónico en la fachada; en un segundo plano, observamos la escenografía interior del cabaret; y, en un tercer plano, la bola o esfera cristalina y prismática, colgada del techo y centrada en el espacio escénico, enfocando, de este modo, la función que se llevará a cabo.

En cuanto a la escenografía exterior, observamos el anuncio del cabaret que dice: «*Cuervo's Nest*». Transcribimos el corto pasaje por creerlo esencial en el desarrollo simbólico del cuento:

> Un letrero neónico policromado rezaba: *Cuervo's Nest*. Sobre las letras descansaban las patas de un cuervo prieto saliendo de una botella. De su cuerpo estirado protuberaba un pico anaranjado que clavaba una aceituna bronceada yacente en el fondo de una copa de cristal ahumado (30).

Esta breve cita, sin trascendencia a simple vista, cobra importancia a medida que se va desarrollando el cuento. Al fijarnos bien, se observan que todos los detalles están cargados de indicaciones o marcadores que pertenecen al código sexual. La «botella» y la «copa» son simbolizaciones de la matriz y de la vagina, respectivamente, mientras que el cuerpo del cuervo, en ademán de salir de la botella (vientre), se estira (fálicamente). Al mismo tiempo, su «pico anaranjado», que pica una «aceituna», nos está recordando el acto de la fertilización, que, a su vez, nos transporta a las regiones mediterráneas, como Grecia, en donde la aceituna es base de la agricultura y, por tanto, objeto de festividades dionisíacas.

En cuanto a la escenografía interior --segundo plano-- observamos, por una parte, que la pista de baile o tablado está diseñado en forma de ruedo, indicándonos una vez más otra forma femenina. Por otra parte, el cortinaje, repetidamente mencionado, simula los velos de un templo, que, a su vez, representa las partes genitales de la mujer. Comienza aquí a vislumbrarse ya el fuerte tono sacro-profano de la presente narración, a que aludíamos en un principio.

En el tercer plano escenográfico, y vinculado con el anterior, nos centramos en la «bola de diamantinos cristales». Leemos:

> En el centro del tablado, y colgada del cielorraso, una bola de diamantinos cristales giraba el ensueño hipnótico de la electrificada concurrencia. Araña panzona tejiendo la tela del ensueño [31]. Las luces diamantinas del candelabro giratorio reflejan las carcajadas de dientes desbozados. Se desliza [la bailarina] hacia el proscenio, y las fauces rojas de la cortina de terciopelo la atrapan por la melena larga y voladora (34).

Sigue martilleando la descripción sobre la simbología del código profano sexual. La «bola» prismática se trasforma, con su carga eléctrica, en «araña panzona» (matriz preñada), y ambas, como un imán, hipnotizan a la concurrencia, que, a su vez, muestra sus «dientes desbozados» (contraparte de la vagina), en actitud de morder y, a su turno, de ser devorada.

Como podemos observar, estos tres planos del decorado de trasfondo están fuertemente cargados de simbolismo. Pero, tenemos que anotar, que este simbolismo profano transciende a otra esfera: la de la representación transcultural o transvase de culturas pues, de un lado, hay dos audiencias mixtas y superpuestas (la mexicana y la anglosajona) que se van entrelazando y forcejeando, cediendo paulatinamente la primera a la segunda y, de otro, la vedette (mujer «preñada» de valores culturales) se irá «despojando» del vestuario mexicano (desprendiéndose de los valores propios) para trasformarse en otra cosa: en portadora de nuevos valores o desvalores, como iremos viendo poco a poco.

El público

Expuesto ya el decorado de trasfondo o escenografía, que reviste al presente cuento, nos centraremos brevemente en el público o audiencia, como personaje colectivo, que asiste al *striptease show* o «despojo». Recogemos de varias partes las siguientes citas:

> Los portalones [del cabaret] se abrieron y la audiencia entró. Los de aquí, de este lado, y los de allá, de aquel lado. Todos entraron [...]. Los hombres, con sus manos en los bolsos acariciando las billeteras, lanzan pétalos verdes de a dólar y de a peso sobre el tablero [...]. Las damas, con sus manos coloradas, recogen sobre sus hombros sus chales y sus capas [...]. Los cazadores de la audiencia ajustan sus espejuelos [...]. De las oquedades del cráneo de damiselas cenicientas y de príncipes encantados, se despegan chiclosas las córneas [...]. Guayaberas y rebozos, suéteres y chaquetas resbalan de los hombros de los concurrentes. Un suspiro aletargado se desprende del tórax de la audiencia (31-36).

Nos pareció importante transcribir varios pasajes cortos, esparcidos por aquí y por allá, debido a dos razones básicas. En primer lugar, porque la audiencia responde a la bailarina, centro de atracción y encarnación del mensaje principal del cuento. En segundo lugar, porque la audiencia está compuesta de dos grupos culturales diferentes que, alternándose, fungen como polos opuestos, forcejeando dialécticamente en la batalla de transculturación, a que nos venimos refiriendo. Interesante también es observar que, a pesar de que Nicolasa Aguirre, la vedette, es el centro de la acción y de la atención, también es, a su vez, influida por la cultura dominante, es decir, la anglosajona. El resultado final de este vaivén a dos niveles, como vernos más tarde, será la victoria de la cultura del anglosajón sobre la del mexicano.

La vedette: Nicolasa Aguirre y su simbolismo

La protagonista Nicolasa Aguirre se prestaría, por sí sola, para un ensayo largo, pues es una personalidad compleja. No tanto como personaje en sí, sino también, y sobre todo, como portadora de un importante simbolismo socio-cultural. Nos circunscribiremos aquí exclusivamente a lo que se refiere a su «despojo». Como ya hemos indicado al hablar de la estructura del cuento, éste se compone de siete partes bien definidas. Para nuestro propósito, indicaremos que, cada vez que entra en escena y representa un número del *show*, se desprende o «despoja» de una pieza de ropa. Cada prenda es simbólica por sí misma y, en su totalidad, se trata del desprendimiento total de la cultura mexicana en pro de la anglosajona. Así, por ejemplo, leemos:

> Desprendido de la melena, el capullo de roja rosa [patente del hispano don Juan] por el aire va volando y sobre el tapiz alfombrado se desflora [...]. Del hombro izquierdo se desprende el rebozo. Gira como capa hacia el toro. Cae sobre el tapiz verdirrojo [...]. El broche se suelta y el floreado huanengo se desliza hasta el suelo [...]. Las maracas hormiguean su estridente sonajero y la medalla guadalupana rueda por el suelo [...]. La diosa aleteadora se enfrenta altanera dejando caer el velo [fondillo] del vuelo [...]. Los índices y los pulgares se juntan en el centro. Se abre el escote [corpiño] con mágico movimiento [...]. De las caderas, las manos se deslizan hacia el pelvis [pantaletas] (33-36).

Bastan estas entresacadas citas para entrever, por una parte, la intención del autor; por otra, la función estructuradora de dichas citas en la narración, y, por último, el simbolismo implícito del «despojo» de las prendas de vestir, i.e., del proceso de desculturación.

Lo profano y lo sagrado: resolución de una antítesis

Dos breves pasajes, extraídos del final del cuento, y que corresponden a la quinta y la última apariciones de la bailarina, sintetizan admirablemente la lucha entre lo profano y lo sagrado, que se entabló desde un principio.

Las maracas retumban la anunciación de las pirámides de epidérmica arena. Teocallis de diosa. La lengua de los fieles espera comunión y las manos se hacen cáliz extendiéndolas con devoción [...]. Los feligreses se postran ante el rayo divino. Recogimiento. El velo del templo rasgando, sale la diosa una norteña bailando. Los fieles se levantaron. Coros de bolillos y coros de prietitos en círculos concéntricos rodearon a la diosa en divina alabanza y genesíaca danza (36-37).

La estructura narrativa de este pasaje está construida a base de binomios o pares contrapuestos. Las dos «pirámides» (senos) equivalen a los dos «teocallis» (templos). Las «lengua[s]» (falos) de los fieles se equiparan, oponiéndose, a las «manos-cálices» (matriz) de los concurrentes. La oposición principal, entre «bolillos» (anglosajones) y «prietitos» (mexicanos), encarna la antitética doble cultura, la del anglo y la del mexicano. La función se cierra con un doble ritual: la «divina alabanza» mano a mano con la «genesíaca danza».

Diálogo musical: contrapunto antitético

El empleo de la música, además de ser un elemento esencial a la estructura de la narración del presente cuento, tiene como función la de ofrecernos un simbolismo indicador de la desculturación de lo mexicano. Como ya habíamos indicado con anterioridad, el conjunto musical entabla un diálogo de ritmos que corresponden, para la entrada en escena de la vedette, a sones tradicionales hispanotropicales y, para la salida, a melodías populares y modernas anglosajonas. Entresacamos algún pasaje.

Un sonido tropical de música, de aves y de cascadas comienza a oírse en la lejanía (31). De un fuerte jalón se abren las cortinas de rojo aterciopelado. Nicolasa «Nellie» Aguirre aparece, empujada por un resorte, en el tablado con sus atavíos y figura de diosa. Sirviéndole de fondo una frondosa vegetación y música tropical, comienza a girar al ritmo de un mambo (...). La guitarra templa una cuerda y el conjunto desflora una conga (...). Al son de un twist se aleja la dama encalzonada, pisoteando el verde, blanco y rojo (...). Al minuendo de las maracas, sale el conjunto al encuentro. Nellie se adelanta al son de una bamba (...). El tambor redobla mientras los Beatles proclaman su evangelio musical

(...). Del arpa y del requinto llueve un coloreado jarocho (...). Una estridencia rollingstoniana pone fin a la función divina (...). De los saxofones de Guy Lombardo salían notas de balloon coloreados (31-37).

La forma de ver cómo estos ritmos cumplen con el propósito general del tema establecido es la siguiente: son siete las entradas y siete las salidas de la vedette chicana. Cada entrada y cada salida va precedida y seguida de un ritmo, respectivamente. Pero observamos un detalle interesante: que la banda, para la primera función, entroniza a Nicolasa Aguirre con un ritmo tropical. A su salida, no hay ritmo anglosajón. Para la séptima aparición de la bailarina, no hay presentación musical latina. En cambio, se cierra el *show* con una melodía de Guy Lombardo, música «obligada» en algunas funciones populares y tradicionales americanas, como en la despedida del año viejo o la víspera del año nuevo.

Resumiendo, nos encontramos con lo siguiente: la primera parte del *show* es netamente hispana, mientras que la séptima y última, es exclusivamente anglosajona. Esto indica que ha habido una «transformación» simbólico-musical, o sea, una «movimiento» transicional de lo puramente cultural mexicano a lo exclusivamente cultural anglosajón.

Transculturación ritualística: cae el telón

Si bien observamos en el segmento anterior una transculturación parcial (musical) y paulatina del mexicano, esta parcelación cobra mayor significado semántico y simbólico si la colocamos en su contexto apropiado y la centralizamos en el siguiente pasaje narrativo, al final del cuento:

> Por el Sandunes Boulevard se oyeron sirenas, cascos y pisadas. Los portalones del templo, rojos y de hierro chapeados, se abren de par en par. De pie se pararon dos prietos Lone Stars. Milagro. La edénica diosa portaba un southernbelle. Screwdrivers chocaban en el aire como orquesta de rotos cristales. De los saxofones de Guy Lombardo salían notas de baloons coloreados. Del nido de la campana del campanario de Taco Bell estiraba el cuello un cuervo neónico que decía: *Crow's Nest Country* (37).

Este corto pasaje está preñado de significado. Por una parte, hemos llegado al final de la función o *show* cabaretero. Se supone, pues, que este momento sirva de clave interpretativa --partiendo del final-- para toda la narración. De hecho, así es, porque aquí se recogen todos los elementos esenciales esparcidos por el cuento. Será apropiado anotarlos.

En primer lugar, teniendo en cuenta a Nicolasa Aguirre («edénica diosa») --encarnación de la cultura méxicochicana, que evoluciona a través de los años bajo el predominio anglosajón-- momentos antes de llegar a este punto, la encontramos completamente desnuda o «despojada». De pronto, se realiza el «milagro». Como si hubiera intervenido un *Deus ex machina*, aparece ella revestida de cuerpo entero con un traje típico del siglo XIX americano de «Southern Belle» (37).

Enseguida observamos que entran en el salón de baile, convertido ahora en teatro nudista, dos policías Lone Stars, típicos de Texas. Pero, ocurre otro «milagro»: los dos son «prietos» (37), a saber, chicanos. Estos dos chicanos, representantes ya de la ley anglosajona, tienen el oficio de imponer una ley puritana, ajena de algún modo a su propia cultura, que encarna a la nueva cultura.

A pesar de esta nueva legislación, notamos un aire pagano y dionisíaco, pues los «screwdrivers chocaban en el aire como orquesta de rotos cristales». Como habíamos indicado anteriormente, y para ambientar el clima orgíaco de fin-de-año, se oyen los «saxofones de Guy Lombardo», cuyas notas se desprenden de los instrumentos en forma de globos coloreados. Y para subrayar el ambiente dionisíaco, vemos al «cuervo» del principio del cuento saliendo del nido del hispano campanario del restaurante Taco Bell americano.

En tercer lugar, nos queda por señalar las connotaciones culturales que estos marcadores implican. Por una parte, el escenario no ha cambiado, pues siguen en pie «los portones del templo, rojos y de hierro chapeados», indicándonos con ello que todavía estamos en un lugar con tintes sagrados. Además, no se toma una bebida mexicana, como sería el tequila, sino «screwdrivers». En cuanto a la música, se ha reemplazado al conjunto tropical e hispano por los saxofones de Guy Lombardo, típica orquesta de los festejos anglosajones. Más grave todavía es que la religiosa arquitectura hispana de arcos de media luna y campanarios ha sido trastrocada por la arquitectura esterilizada de un restaurante Taco Bell, reminiscencia de las antiguas misiones hispanas del suroeste. Por si esto no fuera suficiente, la comida típica mexicana que se sirve en Taco Bell ha sido «transformada» en una producción-en-masa y esterilizada o carentes de especias para el nuevo gusto, el del anglosajón. Y, para terminar, tenemos que señalar el contrapunto o contraposición de lo sagrado y de lo profano en el símbolo de lo sacrílego, donde vemos el cuello de un «crow» americano (antiguo «cuervo» mexicano, sello de tequila) estirándose fálicamente con ademán de salir de la matriz de la campana del nuevo templo anglosajón: el restaurante Taco Bell.

Post factum: amonestación y prenuncio

En una especie de epílogo, que en realidad no forma parte integrante del cuento, nos encontramos a dos compadres dialogando. Las voces de estos dos compadres son las que pronuncian el mensaje del autor. Oímos:

-- Compa, compa. Venga, compa. ¿O es que no me oye, compa?...
--Si ya todos se han ido, compa. Vámonos... Ya no es lo mismo. Ya todo ha cambiado.
--Pos yo me quedaré aquí, esperándolos.
--No le vaya a ocurrir lo que al otro, compa.
--Y cómo va eso, compa.
--Pos «silbando en la loma», compa (37).

Este diálogo breve, aunque parece desdecir del resto del cuento, es muy revelador. El pasaje citado está tomado del folclore oral mexicano. Se trata --de acuerdo al texto-- del cuento sobre unos ladrones que, después de salir del rancho, ejido o pueblito se dispersan para cometer latrocinios en varios pueblos a la redonda. Según la historia o leyenda, una vez cometidos los robos, debían juntarse en la cima de una loma. El primero que llegó al lugar convenido debía, según lo acostumbrado, «silbar en la loma», llamando a sus cómplices. Sus compañeros no llegaron, y él, inocentemente, continuaba silbando. En lugar de los ladrones, llegaron los policías, llevándoselo a él preso. El pasaje anterior está tomado de la tradición oral mexicana. El paralelo es obvio: el compadre que aparece en *Despojo* estaba esperando a que los miembros de su grupo (en este caso los mexicanos) volvieran a su lugar cultural de origen. Pero no llegó ninguno. En vez de ellos, llegaron los

«Lone Rangers» --policías (chicanos) texanos-- portadores de otro sistema de leyes y de otra cultura, diferente a la suya.

Quisiéramos resumir en pocas palabras lo que nosotros creemos que es el mensaje que se propuso transmitir el autor al lector chicano. Primero, que el compadre chicano, que terco estaba esperando a los suyos, pertenece a una generación cultural ya desaparecida. Segundo, que Nicolasa Aguirre del principio, alias Nikkie McGuire del final, al despojarse de su vestimenta mexicana, perdió la cultura hispana. En ambos casos, el mensaje total se convierte en la siguiente advertencia: el chicano, si se descuida, perderá su identidad hispana o su hispanidad.

La frontera económica vista como estructura literaria en «El mercado»[3]

El cuento «El mercado» está tomado también de la colección intitulada *Chulifeas fronteras*, de Justo S. Alarcón. Después de haber leído estos cuentos, uno recibe la clara impresión de que, por una parte, la frontera no es tan «chula» como uno se esperaría del título, sino que más bien resalta el aspecto de «fea». Por otra parte se amplía el concepto de frontera hasta tal punto que se extiende a una franja geográfica que incluye los cuatro estados del suroeste americano y los estados norteños de México. Una tercera noción, que se desprende de los cuentos, es que esta amplia frontera geográfica se convierte en un bullicio humano, cuya base reside en el tráfico, no sólo del hombre, sino también de la actividad económica.

Creemos que el presente cuento refleja, en miniatura, las diversas fuerzas subyacentes de dicho tráfico, o sea, un «mercado». Para ilustrarlo, el autor, según nosotros lo vemos, entreteje, a base de una forma narrativa muy fragmentada, diversos valores: el valor puramente humano, emparedado por otros dos valores extremos que juegan con los personajes. Estos dos valores corresponden respectivamente a la supraestructura, en particular la religión, y a la infraestructura, esencialmente económica. Los personajes serán, pues, juguetes en este vaivén de fuerzas aparentemente opuestas.

Estructura

Vamos a comenzar con el diseño estructurador de «El mercado». Este diseño está fuertemente geometrizado. Es un edificio en forma de tienda, pero que muy bien puede ser una iglesia. Es rectangular, tiene seis pasillos o corredores paralelos, tres al lado norte y tres al lado sur, que corresponden a Estados Unidos y México. Estos seis pasillos laterales están divididos por el pasillo central o nave principal, que viene a ser la línea divisoria de la frontera. El pasillo central, de acuerdo al diseño, parecería destinado a la circulación de los transeúntes. Pero no, no puede ser porque, geográficamente, está representado por la línea divisoria que va de este a oeste, y el tráfico, en realidad, circula de norte a sur y de sur a norte. Pero este aparente absurdo se resuelve al tomar el pasillo central como símbolo de la historia del Destino Manifiesto, que consistió en la conquista, por parte del anglo, de este a oeste. Esto al nivel simbólico, porque, al nivel real y en el presente, en el mercado hay otro pasillo (además del central de este a oeste) de norte a sur, formando así un crucero.

> El mercado estaba orientado de este a oeste. Había sido diseñado por un arquitecto inspirado en la tradición. Sus padres y abuelos habían trayectado esa ruta. Era la del sol y la de la manifiesta llamada. El pasillo del centro era el divisorio. Más ancho y bien delimitado. Paralelamente se extendían más pasillos. Cinco al lado sureño y cinco al norteño. A cada lado se habían puesto estanterías de mercancías diversas y variadas [...]. Había dos grandes puertas de cristal [...]. Entre ambas se abría un pasillo amplio y traficado. Formaban, perpendicularmente con el pasillo central, un crucero. Desde un helicóptero, y a vista de pájaro, parecía una cruz tendida en el suelo y pisoteada por mercaderes de templo (92).

La semejanza entre mercado e iglesia, o sea, las fuerzas de la infraestructura económica y de la supraestructura religiosa, quedan establecidas aún más si se considera que a la cabecera del edificio, por la parte del oeste, hay un altar que funge como podio en donde se llevan a cabo las transacciones burocráticas del mercado.

> En este pasillo, y equidistantemente de las dos puertas laterales, se hallaba una plataforma que servía de banco y de altar al mismo tiempo. Tenía tres peldaños. En términos geográficos estaba situada al oeste, punto cardinal de llegada [...]. Los transeúntes, al entrar y al salir, se veían forzosamente a pasar por delante. La necesidad, y una voz de lo alto, les detenía por igual (92-93).

A continuación vamos a señalar algunos de los muchos puntos que integran este cuento corto como puntales o marcadores que ayudan a reconstruir la estructura fragmenta de dicho texto. Por el momento, entresacaremos algunos elementos que parecen no tener relación entre sí, pero que, al final, trataremos de unificarlos por medio de las dos estructuras básicas, es decir, la religiosa y la económica, superpuestas ambas.

Por ejemplo, si nos fijamos en los pasillos perpendiculares, hay tres clases básicas de mercancía: tomates, camarones y drogas. Estas tres mercancías corresponden a tres métodos de transporte: trenes, barcos y aviones. Tanto las mercancías como los medios de transporte hacen uso de la tierra, del agua y del aire. Hay que notar aquí ya de inmediato que mientras la gente compradora, sea americana o mexicana, camina por los pasillos de este a oeste, y viceversa, los medios de transporte (trenes, barcos, aviones) viajan de norte a sur y de sur a norte. Con este diseño se llevan a cabo dos cosas: en primer lugar, la función simbólica del número seis y del múltiple de tres. Por otra parte, el diseño geométrico, o geográfico si se quiere, corresponde a la actividad mercantil.

Otro punto importante, basado también en la simbología numérica, es el constatar que en el altar/podio hay un tríptico.

> Detrás del grupo trinitario, y colgado de la pared, se hallaba un tríptico dorado. Un retablo calcado del original. Facsímil exacto, de acuerdo a la revelación que tuviera el escultor de la Smith & Co. Cada hoja del tríptico contenía diez anotaciones. Las anotaciones de la hoja izquierda estaban en inglés. Las de la hoja derecha, en español. Y las de la central estaban escritas, de acuerdo al miope especialista de la lengua chicana, el doctor Josuah Gotlieb, en decadente y contaminado arameo. Las letras protuberaban en relieve dorado. Tres luces neónicas le servían, a un mismo tiempo, de aureola y de canapé. El claroscuro producido por el relieve les daba un ambiente de críptico misterio. A tres cuadras de distancia, el reflejo del neónico tríptico dorado cubría de un halo las rubias melenas del grupo trinitario (94).

Este tríptico contiene tres cosas aparentemente desiguales, y está escrito en tres lenguas diferentes: español, inglés y arameo. El contenido de este tríptico se refiere al precio de productos, a comentarios absurdos de la gente y a artículos de una Constitución escrita por un grupo chicano llamado el Grupo de la Reconquista, o sea, representa respectiva y estrictamente lo económico, lo humano y lo político. Estos tres elementos se hallan encerrados y representados en un tríptico característico de la iconografía religiosa. Otra vez, repetimos, el valor humano está encerrado por los dos valores extremos a que nos referíamos antes: el económico y el religioso.

Personajes

Otro elemento importante del presente texto es el de los personajes. En general no podemos hablar de personajes literariamente desarrollados, ni siquiera que sean de carne y hueso, sino más bien de marcadores que ayudan al desarrollo estructurador de la narración, por una parte, y, por otra, son chispas, títeres y figurines deshumanizados, a causa de la fuerte dosis de la arrolladora economía. Por ejemplo, por parte de México nos encontramos con dos niños, Lupito y Antoñito, que aparecen y desaparecen como un abrir y cerrar de ojos, pero que nos dejan impresiones imperecederas por sus tragedias personales, y, al mismo tiempo, parecen fungir como puntales que soportan la estructura total del cuento. Así, uno de los niños --Antoñito López-- se relaciona íntimamente con la explotación del camarón, cuya base se ubica en el puerto de Guaymas.

> Jonah Smith llegó a la playa sinaloense. Había viajado mucho. Encadenó su bicicleta contra un poste de luz cercano a la atunera del pueblo. «Did you hear the voice?» «¿Qué dice usté, señor?» «¿Tú oír la nueva voz?» «Sí, señor». Antoñito López puso su gran concha marina junto a la oreja. La apretó. Cerró los ojos. Una tristeza profunda se le quedó prendida de sus carnosos labios. «¿Tú oír la nueva voz, muchacho?» «Sí, señor». «¿Qué oír tú?» «Yo oigo llorar a los camaroncitos, señor». «¿Por qué llorar?» «Porque unos hombres muy malos se robaron a sus papases». «Y tú, por qué llorar?» «Porque yo tampoco tengo papá. Unos hombres muy malos se lo llevaron al Norte». «Yo traer a ti otro papá. Mucho mejor Padre». «Yo no quiero otro padre. Yo quiero a mi padre». Antoñito se puso la caracola al oído y cerró los ojos. Una ola se lo llevó a la región de los camarones. Su madre se revolcaba por la arena tirándose de su melena entrenzada (97).

El otro niño, Lupito, se relaciona con el cultivo y la explotación del tomate de Sonora y de Sinaloa:

> «Don't squeeze them tomatoes, Lady. If you don't buy, don't touch». Doña Lupe los dejó en el estante número tres. Se le puso la cara colorada cuando su Joey le recordó: «Mom, these tomatoes los pizqué yo con mi 'apá». «Sí, mijo». «Don't worry, 'amá. El next time los como yo en el fil». «Sí, mijo» (95).

Como vemos, aunque aparentemente parezcan no tener importancia estos dos niños, se relacionan a la explotación económica, a los productos necesarios para «el mercado» que son el camarón y el tomate. Se relacionan también a los medios de transporte, barcos y trenes y, por fin, al elemento de la tragedia humana, porque, en el proceso, ambos pierden a sus padres atraídos hacia el norte por la meca del mercado americano.

En el texto vemos otros personajes que parecen no relacionarse entre sí, pero que, como en el caso anterior, tienen su función estructuradora en la narración. Así vemos a un Aleluya, Mr. Jones haciendo breves comentarios sobre la religión o distribuyendo volantes propagandísticos.

> Las puertas del *Food World*, de la cadena Smith & Co., se habían abierto a las nueve en punto de la mañana. Ya Mr. Jones se había instalado en su plegable silla de madera. Bajo una sombrilla azul celeste escondería su calvo cráneo de los infernales rayos de un sol espeluznante. Su saco de yankee-doodle todavía conservaba los cuatro bolsillos, dos interiores y dos exteriores. Todos repletos de haces de papelitos-volantes, bilingüamente impresos por ambos lados. Se sentó y, entre el índice y el pulgar de la mano derecha, sostenía una volante con las misteriosas y sagradas palabras (92).

También vemos a un típico muchacho mexicano vendiendo artesanía a una típica turista anglosajona.

> Mrs. Johnson clavó los ojos en una estatua de mexicano sentado, abrazado a las piernas y durmiendo su eterna siesta bajo un sombrero petrificado. «How much?» «Señora, for you only and only for you, ten dollars. Today only, only today». «Five, and I'll take it». «Your putas, señora, have their price on their chiches. Take it or leave it, Madam». Con la nalga derecha a medio cubrir, volvía a cruzar el pasillo central (95).

Los personajes aparecen y desaparecen rápidamente. Podríamos continuar mencionando personajes-relámpago. Pero bastan los aludidos para mostrar algunos ejemplos y comprobar lo dicho.

Ahora nos detendremos un poco más en algunos personajes que están más ligados a la estructuración del texto. Por parte de la población chicana vemos a Frank Mendiola, símbolo del revolucionario, que lucha por la liberación de su gente, y a su madre, la vieja doña Josefina Mendiola.

> Fue aquella noche. Sobre la sábana veraniega descansaban los huesos juveniles de Frank Mendiola. La almohada hormigueaba un círculo de recuerdos encadenados. A su padre lo recordaba muerto a los treinta y cinco años, por falta de atención médica y desgaste prematuro. A su joven madre, doblando el lomo en los surcos de algodón y violada por el patrón más de una vez, antes de que él pudiera defenderla como un hombre. Se acordaba de las lágrimas que su madre derramaba cuando iban al mercado. Su mísero cheque, con el sello y el «ok», apenas le llegaba para los frijoles. Con el tiempo notó que a su madre, al tragarse las lágrimas, se le fue amargando la sangre (94).

Ambos son fuerzas paralelas y están inmiscuidos en la tragedia subyacente que consiste en la destrucción violenta del sistema opresivo, destruyéndose a sí mismos también en el proceso. Por otra parte, y representando a la población anglosajona, nos encontramos con una «trinidad», los dueños del mercado, símbolos del opresor del capitalismo americano y de la trinidad bíblica. Y aquí radica la esencia de la deshumanización, de la tragedia humana, a base de violencia, y el nervio de la estructuración fragmentaria de las partes en un todo narrativo.

Habíamos indicado antes a dos niños mexicanos, ambos producto trágico de la explotación económica. Estos dos niños son visitados separadamente por dos jóvenes misioneros americanos. Uno de los niños perdió a su padre en el negocio de la explotación del camarón. Los misioneros llevan el mensaje de otro Padre, es decir, Dios. Quieren reemplazar al padre natural del niño, muerto por la explotación económica, por otro Padre intangible y desconocido para el niño, producto de la supraestructura. Transcribimos de nuevo el pasaje.

> Jonah Smith llegó a la playa sinaloense. Había viajado mucho. Encadenó su bicicleta contra un poste de luz cercano a la atunera del pueblo. «Did you hear the voice?» «¿Qué dice usté, señor?» «¿Tú oír la nueva voz?» «Sí, señor». Antoñito López puso su gran concha marina junto a la oreja. La apretó. Cerró los ojos. Una tristeza profunda se le quedó prendida de sus carnosos labios. «¿Tú oír la nueva voz, muchacho?» «Sí, señor». «¿Qué oír tú?» «Yo oigo llorar a los camaroncitos, señor». «¿Por qué llorar?» «Porque unos hombres muy malos se robaron a sus papases». «Y tú, por qué llorar?» «Porque yo tampoco tengo papá. Unos hombres muy malos se lo llevaron al Norte». «Yo traer a ti otro papá. Mucho mejor Padre». «Yo no quiero otro padre. Yo quiero a mi padre».

Antoñito se puso la caracola al oído y cerró los ojos. Una ola se lo llevó a la región de los camarones. Su madre se revolcaba por la arena tirándose de su melena entrenzada (97).

El mismo sistema conquistador y colonizador americano le quita al niño un valor real (padre) por un valor ideal (Dios). Sin meternos a formar juicios de valor, vemos la incompatibilidad y la disparidad de ambos valores en la mente del niño. Un caso semejante ocurre cuando los mismos misioneros le piden a un ciego acordeonista mexicano que les toque «God Bless America». Se lleva a cabo un breve diálogo en donde ambas partes no se entienden a causa de la disparidad de los valores religiosos y político-económicos.

Dos corbatines descendieron de sus bicicletas. Se acercaron al acordeonista. «¿Qué cantar usted, señor?» «El alma del pueblo, señor». «¿Por qué no cantar usted *God bless America?*» «¡Qué chistoso es usted, señor». «¿Por qué?» «Porque su Dios es Blanco, creado por el dinero». «¿Quién ser su Dios?» «Yo no tengo Dios, yo tengo Diosa». «¿Quién ser?» «Mi prieta y chula Madrecita». «¿Y cómo saber usted que es 'prieta' si usted estar ciego?» «Y ¿cómo 'saber' ustedes que su Dios es 'Blanco' si ustedes nunca lo han visto...?». «Cante *God bless America*, please» «Yo gano el pan con el dolor de mi garganta, señores». «Please, cante *God bless America*». «Váyanse ustedes muy a la chingada» (98-99).

Pero creemos que, desde el punto de vista de los personajes, los que dan estructura numérica a la narración del cuento son los tres que forman la trinidad en el altar/podio, como vimos antes. Estos son los arquitectos del sistema explotativo, son los arquitectos del mercado/iglesia, son los representantes de la aduana y son los sumos sacerdotes de la religión capitalista. Sobre todo son la síntesis entre la supraestructura religiosa y la infraestructura económica, al equiparar una cosa tan básica y sencilla como son los diezmos/tithes al soborno/income tax.

Una avioneta atravesó por encima del pasillo central. Aterrizó en un rancho abandonado. Dos hombres de uniforme la estaban esperando. «Pay tiths or else». Pagaron cincuenta mil dólares y los dejaron. Mientras que cubrían con planchas de mármol la fachada del templo, se llenaban de veneno las jeringas de los ladronzuelos por las calles (95).

Como uno ya se puede dar cuenta, pasajes aislados que aparentemente no tienen ninguna relación en la superficie, indagando un poco más vemos infraestructuras narrativas que se desdoblan en infraestructuras económicas, formando líneas paralelas y pasillos como en el mercado/iglesia que, a su vez, corresponden a estructuras narrativas. Nos vienen a la mente varias ideas, que se desentrañan del esqueleto de la narración. Por ejemplo, parece ser que la mencionada separación entre la religión organizada y el estado, bajo su doble forma de política y de economía, es una farsa. O sea, que sí existe una estrecha relación entre ambas, siendo más fuerte la político-económica. Segundo, que la tradicional resignación socio-económica del chicano, causada por la educación religiosa, se deja ver a claras luces. Pero se añade un toque especial, y es que ahora el explotador económico anglosajón exporta al mexicano, católico por tradición, una religión cristiana diferente basada en el tradicional puritanismo, tomando forma igualmente opresiva por estar ambas controladas por la misma «trinidad».

Este lazo o vínculo matrimonial de economía y religión opresivas, encuentra un polo opuesto y dialéctico en la fuerza liberadora del Grupo de la Reconquista, simbolizado y encarnado en Frankie Mendiola y en su madre doña Josefina. Aquél poniéndole tres barras de dinamita al altar/podio, y doña Josefina maldiciendo con los puños en alto al mismo altar/podio.

> Frank Mendiola camina lentamente. Se acerca al altar. Sube. Se arrodilla. Desenvuelve el bulto. Pone tres barras de dinamita pegadas a la caja fuerte. Enciende el mechero y las tres colas serpentean encorajinadas. El estruendo quebró vidrios de ventanas de casas contiguas. El vecindario salió estrepitosamente a la calle. Las sirenas se oían por los cuatro costados de la ciudad. Los tímpanos de los perros vociferaban aullidos lastimeros. Una mujer vestida de negro corría por las calles enloquecida. Atravesó las filas de bomberos, de ambulancias y de policías. Encorvada, se metió por las ruinas en llamas. Ciegamente se dirigió al altar. Se acercó con los puños en aire a las planchas doradas. Brillaban incandescentes. Al quererlas alcanzar cayó envuelta en una bola flamígera. «Cabronas...» (101-2).

Palabras y acción se juntan dialécticamente para destruir la fuerza antitética y opresiva de la infraestructura económica y de la supraestructura religiosa. Aunque sólo sea por un breve instante, la trayectoria histórica de la opresión queda rota.

Para resumir, la forma aparentemente fragmentada del texto, a la que hicimos referencia al principio, se une y se hilvana a través de una macroestructura literaria y de un contenido total socio-religioso-económico, formando una totalidad representativa de la realidad fronteriza.

«Resbaladero», o el correlato entre estructura geométrica y contenido social[4]

El cuento «Resbaladero», del que nos ocuparemos en este artículo, es el último de la colección que lleva por título *Chulifeas fronteras*, de Justo S. Alarcón. Nos viene a mente el documental fílmico y musical intitulado *Chulas Fronteras*, que representa una tradición y atmósfera méxico-chicanas llenas de alegría y de música. Sin embargo, en esta colección de cuentos ya no se hace hincapié en «lo chulo», sino más bien en «lo feo», que se vislumbra en la zona fronteriza. Una gran variedad de temas desfilan por las páginas de estos cuentos. El amor, el sexo, la crisis de identidad, la discriminación racial, la religión y, al fondo de todo ello, el poder del dinero. Estos temas mayores se entrelazan con otros derivados, formando así un mosaico complicado en donde la vida consiste tanto de un matiz escurridizo como de una muerte violenta, pasando por una gama interminable de eventos azarosos. Sorpresa tras sorpresa hilvanan la vida de la frontera que se pasea por más de cien páginas de texto.

Uno de los mayores intereses que ofrece esta colección de cuentos, *Chulifeas fronteras*, es la variada y bien pensada estructura que los mantiene individualmente. Se hacen patentes los planos geométricos en «Reconocimiento», «Resbaladero» y «Rotación solar». Más ocultos en «El mercado», a causa de su escenografía fragmentada. El gusto por el dibujo, los colores y la pintura se destacan en «Despojo», «El puente» y «Resbaladero». Incluso en «El mercado» nos encontramos con un tríptico y, al fondo, policromados ojos-de-dios, base en ambos para la interpretación temática y estructural de dicho cuento fragmentado.

El situar a «Resbaladero» al final de la colección parece ser indicativo de que es una síntesis o resumen de los temas parciales de los otros cuentos.

Se caracteriza por su sintetismo y, quizás por eso mismo, dé la impresión de un amazacotamiento por su ansia de lo compacto. Desde el punto de vista visual es el que más claramente (además de «El puente») representa la unión o nexo entre los dos países que forman la frontera (Estados Unidos y México). Esto se demuestra geométricamente por medio de un diseño: un resbaladero, cuyos extremos tocan ambos países.

Como el mismo título lo indica, por este resbaladero se desliza, sube, baja y se escabulle la gente no sólo de México, sino de Estados Unidos. De un símbolo inocente de un «resbaladero» en una guardería de niños, va cambiando y transformándose en otras imágenes diversas que representan diferentes factores sociales para terminar en una gigantesca imagen o figura, cuyo simbolismo abarca las fuerzas controladoras de dos países, en los cuales el gran desbalance de la infraestructura económica es la fuerza-motriz que impele a las masas de gente a que se muevan y se deslicen por ese «resbaladero».

Son varios los posibles puntos que podríamos considerar en nuestro estudio, pero trataremos de limitarnos deslindando dos o tres, aunque la tarea será difícil por estar los muchos temas intrincadamente unidos, como la religión, la política, la historia, la educación, las clases sociales y las migraciones, tratados todos ellos a través de una simbología compleja. Entre los diversos puntos mencionados creemos que la composición total del cuento está basada en un esquema geométrico que sirve de fundamento y en el que se apoya el edificio arquitectónico de la narración.

Nuestro objeto en este ensayo es el de exponer, en particular, dos aspectos del texto «Resbaladero»: primero, la forma externa y, después, parte del contenido, sobre todo lo concerniente a lo social. Iremos correlacionando estos dos aspectos por separado y, al final, trataremos de ver las correspondencias entre ambos. En cuanto al primer aspecto, el formal, destacaremos la imagen o figura geométrica preponderante. Colocaremos a los personajes en los diversos niveles de esta figura geométrica. Nos adelantaremos indicando que los personajes, que se encuentran en estas páginas, no son personajes vitales o reales, sino más bien conglomerados simbólicos compuestos de los «chicanos», por un lado, y, por otro, de los «gringos». Por su propio diseño, estos personajes-grupo son anónimos y esqueléticos.

En cuanto al segundo aspecto, el contenido social de la narración, observamos que hay una gama de ocupaciones laborales que van desde lo más bajo de la clase baja hasta la más alto de la clase alta, en una sociedad eminentemente clasista, capitalista y movible. No dejan de observarse los comentarios e innuendos de crítica y sátira sociales entre ambos y contra ambos grupos en general.

Figura e imagen geométrica

Como el mismo título del cuento nos indica, se trata de un «resbaladero» en una escuela primaria o guardería infantil. La maestra Ms. Fairchild había enviado a sus niños, en el momento de recreo, a que fueran a jugar con la consigna de «follow the leader/sigan al líder» (106). Muy pronto notamos que ese «resbaladero» se transforma sucesivamente en otras figuras e imágenes que siguen más o menos el mismo diseño como, por ejemplo, una catedral, un teocalli, una sinagoga, una montaña, una fábrica, un banco, etc., indicando que la imagen inicial, que se refiere al recreo, asume proporciones religiosas y socioeconómicas gigantescas.

De los peldaños de un resbaladero en un campo de juego, se pasa, por medio de la intrincada simbología, a una escalinata de orden jerárquico, como el de las clases sociales. Ya vemos aquí el indicio y la clave del diseño geométrico, puesto que las tres clases sociales, al dividirse cada una en dos, producen el número seis que, se supone, son los seis peldaños que llevan a la cumbre del resbaladero. El número seis, por consiguiente, es un número que, además de contener una simbología trascendental, sirve de base al diseño geométrico y estructurador del cuento. No podemos perder de vista el enigma del número siete que, por implicación, existe como nebulosa de trasfondo y referente, aunque no aparezca en el texto. Podemos observar ya la gran importancia que en la estructura del cuento tienen los 6 más 1 días genesíacos de la creación en el desarrollo de este texto narrativo. El invisible peldaño número 7 se esfuma por ser «una voz misteriosa» y «una sala de tapices enigmáticos», cuyo lugar se encuentra en el «cenit» del resbaladero y de las clases sociales.

No podemos olvidarnos de que, al otro lado del resbaladero, no hay escalones, sino más bien una lámina resbaladiza, sin divisiones ni compartimientos. Digámoslo ya, la mayor importancia del texto es la escalinata del resbaladero. Este diseño bipartita que, de un lado, muestra los peldaños diseñados con toda claridad y, de otro, la parte resbaladiza que se esfuma o volatiliza, tienen ambos gran importancia, aunque su función es diferente. Se subraya que por los peldaños suben los «chicanos» ansiosos de imitar al «anglo» y a su sociedad, mientras que por la parte resbaladiza, o sea, la bajada, se encuentran y se deslizan los «gringos».

Ya podemos ver que el juego de «follow the leader/sigan al líder», inocente y sin trascendencia aparente, se convierte en una gran pesquisa social. Puesto en otros términos, el «follow the leader/sigan al líder» se convertirá en un movimiento circular semejante al de «la serpiente que se muerde la cola». Este movimiento circular no aparece claramente en el propio diseño del resbaladero, cuya forma es piramidal, sino por el movimiento migratorio de la pesquisa: el mexicano indocumentado que se vuelve chicano, sale de México para llegar a Estados Unidos y seguir al «líder» anglosajón en su compleja sociedad ascendente, mientras éste, ubicado en la cumbre del resbaladero socioeconómico, se desliza hacia México buscando el petróleo. El chicano, siguiendo al «líder» anglo --y rodeando-- llegará otra vez a su casa, lugar de origen.

Procediendo hacia el detalle, vemos una simbología que se relaciona con la forma del resbaladero. La figura más importante, aunque en sí bastante abstracta, es la de la Montaña. Esta figura real y mágica al mismo tiempo se desdobla en formas más concretas como la pirámide y el teocalli, la catedral y la sinagoga, formas éstas relacionadas a la religión; mientras que otras veces asume formas materialistas, como el banco y la fábrica, todas de configuración piramidal, como la montaña.

El cenit o la cumbre de la forma piramidal o de la montaña es el séptimo peldaño de la escala ascendente, cuyo diseño nunca aparece claramente configurado. Se le nombra «pezón» unas veces y otras «ubre» y una «sala misteriosa y mágica». De allí sale «la voz del Todopoderoso» que se convierte en formas caprichosas, encarnadas en diversos personajes anónimos, como «el Cowboy», «Ms. Fairchild», «Ms. Fairhead» y «Mr. Brighthead», entre otros. En momentos dados se refiere a ella simplemente como «la voz». Parece ser que es la voz del líder, símbolo del sistema capitalista y colonizador gringo, bajo personajes que representan las varias instituciones de que se compone el sistema social.

Hablando de los personajes, aunque en sí no tengan nada que ver con la figura geométrica de la imagen central, por concomitancia y parte integral, sí tienen relación con dicho diseño, pues están sujetos anónimamente a la estructura del diseño y de la narración. Como habíamos indicado antes, todos los personajes son anónimos y están apiñados en grupos. Y esto porque son símbolos representantes de diversos grupos sociales que encajan en cada nivel o peldaño del resbaladero. Así tenemos, por parte de los representantes del mundo anglosajón, a Ms. Fairchild, Ms. Fairhead y Mr. Brighthead que designan cabezas rubias, pedagogos y «líderes». Por otra parte, nos encontramos con los nombres de los generales Washborn, Greenfield y Moisés, relacionados con simbologías militares bien claras. Por parte de los personajes chicanos vemos que los «seis» representantes de dicho grupo (el monseñor, el gobernador, el senador, el abogado, el profesor, el banquero --e incluso la maestra bilingüe del final del cuento, Ms. Nellie Prieto-- se apellidan Prieto. Las funciones y ocupaciones de estos personajes vienen dados en grupos de a seis, que corresponden a los seis escalones del «resbaladero» o de cualquier otra desinencia del mismo, como la de las clases sociales. Así notamos que los tres maestros/líderes del subsistema social pedagógico están representados por tres maestros que corresponden a tres niveles del sistema educativo, cada uno de ellos desdoblándose para formar el total de seis. Lo mismo ocurre con las clases sociales, en donde hay tres clases pronunciadas, pero cada una subdividiéndose en dos, para formar de nuevo un total de seis.

Limitándonos ahora a la división de los personajes-grupo del chicano --en la parte central del cuento-- observamos dos cosas: de un lado, los números del personaje-masa chicano y, de otro lado, el lugar que ocupan en la escalinata piramidal. En cuanto al primer punto se nota que, básicamente, del peldaño más bajo de la clase baja social hasta el peldaño más alto de la clase alta de la estructura social, se le restan uno o dos ceros al número total cada vez que el personaje-masa asciende un peldaño. Así, de seis millones en el primer peldaño llegan solamente seis al sexto peldaño. El segundo punto, o sea el lugar que ocupa el personaje-masa chicano en la escala social, viene dado por la siguiente nomenclatura: para las subclases de la clase baja se asignan las ocupaciones de braceros (campesinos indocumentados) y los campesinos documentados (o residentes). Las dos subclases de la clase media se asignan a los «mineros» y «automovileros». Y las subclases de la clase alta se asignan, de un lado, al monseñor, al profesor y al abogado, y, de otro lado, al senador, al gobernador y al banquero.

Hay que observar un punto algo obscuro en la gradación de estas clases sociales y de la función de cada uno de los personajes mencionados. En la clase alta (quinto y sexto peldaños) aparecen *seis* profesionistas chicanos, de los cuales el banquero es el último o más alto. Es interesante señalar que este personaje, al final del cuento, parece ser que salta a *un séptimo* peldaño. Es muy posible que el narrador nos quiera indicar que el séptimo peldaño (séptimo día de la creación/el dios-sol/la voz todopoderosa) no sea otro más que la infraestructura económica manejadora y controladora de todo el sistema piramidal global.

El diseño estructurador del texto narrativo, que corresponde a nuestro primer apartado que estamos presentando, queda bastante aclarado. Ahora pasamos al segundo punto que tratará del contenido social o temático, y que tiene sus correlatos con el diseño estructurador del texto.

Contenido y correlato social

Hay varios temas importantes que se tratan en «Resbaladero». Esencialmente se tocan dos, que corresponden a la supraestructura social y a la infraestructura económica. En cuanto a ésta se señalan, sobre todo, las formas de producción agrícola, minera e industrial, como mano de obra, «follower/seguidor», para el chicano y como «leader/líder» capitalista para el gringo. En cuanto a la temática correspondiente a la supraestructura social, se pueden notar los temas referentes a la religión, la política, la historia, el movimiento migratorio y, sobre todo, a la educación. Entresacaremos dos o tres puntos temáticos para ilustrar cómo existen correlatos entre el tema y la estructura o el contenido y la forma del texto.

En cuanto al tema de la religión, ya se ha tratado en la primera parte de este estudio. Se ha señalado, por ejemplo, el número seis (6 más 1). Es un número esotérico y bíblico que corresponde en particular a los días de la creación, y, en el transcurso del texto, se asocia a seis voces que imitan el texto genesíaco. Por ejemplo, en la voz del ranchero texano se oye una paráfrasis bíblica cuando dice: «Now hear me boys. I've created all them plants... for you to subdue them. I've separated the light from the dark. Hear me boys? That's all» (108), y así sucesivamente. Lo interesante en esta temática es que el aspecto religioso, que pertenece a la naturaleza de la supraestructura, está supeditado a la infraestructura económica. Sería una especie de desdivinización o de desacralización, en donde el poder material del capitalismo anglosajón se sobrepone a la creencia religiosa popular. Un caso típico del hablante narrativo, en boca de la maestra Ms. Fairchild --al conferir los diplomas a los estudiantes de la escuela primaria-- es cuando les dice a los niños: «Society is like a huge *mountain* that you have to climb. You have to be *iniciated*. It is like a *secret* society/La sociedad es como una gran *montaña* que uno tiene que subir. Uno tiene que ser *iniciado*. Es como una sociedad *secreta*» (107). Para describir la composición escalonada de la sociedad capitalista, se usan términos eminentemente religiosos. En el mismo tono, cambiando ya de lo económico a lo humano, observamos que esa misma voz genesíaca se transforma en racista. Por ejemplo, la frase que corresponde al día cuarto dice: «We have to separate, select, choose, screen... good people from bad people, like *day* and like *night*. That's all/Tenemos que separar, seleccionar, escoger, cernir... a la buena gente de la mala, algo así como al *día* de la *noche*» (110); y la trinidad bíblica se oye de la siguiente manera: «un vozarrón de terceto polifónico salmodió: 'Let the earth bring forth all kinds of *animals*...'/'Que la tierra engendre toda clase de *animales*» (112), con la implicación obvia de que, en la mente del «líder», el chicano/mexicano, cuando fue creado, no era otra cosa sino un «animal». O sea, el «leader/líder» de la sociedad anglosajona necesita al pueblo de origen mexicano como mano de obra, «follower/seguidor», en el proceso de producción de bienes para enriquecer al capital.

El tema de la historia se toca en varios lugares de la narración. Sin embargo, hay un párrafo en estilo surrealista, en el que se sintetiza la historia del mundo del anglosajón de una manera aparentemente absurda. Transcribimos dicho pasaje en casi toda su totalidad.

> Había seis enormes tapices, representando seis eventos históricos. La marcha de Moisés por el desierto, con las tablas de los mandamientos en la mano derecha y la serpiente en la izquierda. Colón, rodeado de tres mujeres, le entregaba la mano humildemente a Sir Francis Drake. Hitler portaba su mustacho y, sobre él, una capucha blanca y puntiaguda en la cabeza y una estrella de cinco picos tatuada en el bícep izquierdo. En el cuarto tapiz aparecía el Frito Bandido con una estrella de general en el frontispicio de su sombrero de paja, tirando de seis burros y subiendo alpinísticamente una escarpada loma piramidal que llegaba a la luna. Kearny y su majada eran el sujeto del quinto tapiz. En la mano derecha blandía una espada toledana. Del testículo izquierdo le colgaba una lechuga, del tamaño de una cabeza de fraile, y, del testículo derecho, una toronja agria e Imperial.... En el sexto tapiz, y desmesuradamente aumentada, se mostraba una cabeza gigantesca. El ojo derecho misteriosamente oculto bajo un lienzo negro

y piratesco, y el ojo izquierdo triangularmente clownesco y policromado. Incrustada en la azulada frente traía una estrella oriental luminosa (113).

Como se puede observar, se tocan tres puntos básicos: la historia del pueblo de Israel, comenzando con la «marcha de Moisés por el desierto»; el descubrimiento de América por Colón y el pillaje de Sir Francis Drake para el nuevo imperio inglés; y la ocupación y conquista anglosajona del Suroeste, territorio que pertenecía a México, que hoy es Aztlán para el chicano. Esta conquista se desdobla en tres aspectos: Hitler vestido de Ku Klux Klan, cometiendo el holocausto de las minorías raciales en este país; el Frito Bandido, estereotipo del «ladrón» (desposeído) chicano; y el general Kearny, símbolo del arrollador ejército americano. Por fin, el sexto capítulo de esta historia surrealista está dedicado a la contraparte de Moisés, o sea, a un general israelita contemporáneo, cuyo nombre no aparece en el texto. Creemos que este pasaje es importante temáticamente por tres razones: 1) porque nos muestra los poderes al nivel nacional e internacional, a través de los siglos de opresión y subyugación del chicano; 2) porque, relacionada a la estructura del cuento, se observa una línea circular o cíclica, abriendo la historia occidental con el imperio judaico milenario, y cerrándolo con la influencia israelí de la actualidad; y 3) porque, relacionando el correlato temático a la estructura narrativa, se nota que el número seis está presente otra vez, pues son seis los capítulos de la historia que se representan visualmente en «seis enormes tapices» y son también seis los picos de «la estrella oriental».

Es nuestro parecer, sin embargo, que el tema más sobresaliente de la narración, correspondiente a la supraestructura social, es el del sistema de educación concretizado en el aspecto del bilingüismo. No simplemente el bilingüismo *per se*, sino más bien porque el bilingüismo es un medio conductor que favorece al opresor en su explotación de la infraestructura económica. Tanto el grupo chicano, que trata de subir la escala socioeconómica del anglosajón, como éste, que trata de bajar por el «resbaladero» hacia los recursos petroleros mexicanos, sufren una transformación lingüística. Transcribimos algunos ejemplos esparcidos por el texto de la narración. En la primera parte se nota esta transformación progresiva para el chicano:

--Tenemos que llegar al mero pico (107).
--Tenemos que hacerle reach al mero pico (109).
--Tenemos que hacerle reach al peak (110).

--We have to hacerle reach al peak (111).
--...We have to reach el peak...(114).
--...We, I have reached the peak (116).

Y, en la segunda, la transformación para el anglosajón.

«We have to slide down to the bottom» (110).
«We have to slide down to el bottom» (110).
«We have to slide down to el hoyo» (111).
«Tenemos que resbalar to el hoyo...» (114).
«Tenemos que volar hacia el hoyo...» (114).
«Tenemos que clavar hacia el hoyo» (116).

Varias observaciones se deducen de estas citas progresivas en conformidad al texto narrativo. Por un lado, notamos que la maestra o las maestras, Ms. Fairchild y Ms. Fairhead, que habían «iniciado» al chicano en el sistema monolingüe inglés («follow the leader»), ponían de relieve la filosofía pedagógica del presente sistema monolingüe, conocido como el English Only. Tanto es así que, curiosamente, la maestra chicana, Ms. Nellie Prieto, fue la que llevó a cabo ese proceso de transición del chicanito monolingüe-español al monolingüe-inglés, al final del cuento, cuando dice: «Follow the leader.... Slide down....». Pero la gran ironía es que las mismas maestras, Ms. Fairchild y Ms. Fairhead, «se habían adelantado» para enseñar al gringuito monolingüe-inglés a ser monolingüe-español. Entre paréntesis, al texto no se le escapa una nota de ironía cómica cuando, en la enseñanza del español, a la maestra se le desliza un errorcito aplicando el método audio-lingüe, al decir: «Repeat after me... Tenemos que resbalar hacia el hoyo. Tenemos que volar hacia el hoyo. Tenemos que *clavar* hacia el hoyo» (114). Naturalmente, este errorcito gramatical tiene una intención irónica y sarcástica, porque, en la realidad, lo que se venía pensando era la intención que los llevaba hacia el sur («Go South, my children»): el apoderarse del petróleo mexicano. Y aquí cabe bien el verbo de «resbalar», forma correcta para «to slide», trastrocándose en «volar», puesto que los gringuitos se calificaban de «goose» y «geese», y también transformándose en «clavar», porque, al final del cuento, observamos a las máquinas perforadoras petroleras «clavando» sus «esquíes» o picos perforadores en los lagos de petróleo. Volvemos a repetir que la finalidad de los programas bilingües no son *per se* conductores al poliglotismo de los estudiantes, sino que se usan como medio para la explotación por parte de la infraestructura económica.

Como hemos presentado en el transcurso de nuestro ensayo, dos cosas nos parecieron que sobresalían en el cuento «Resbaladero»: su arquitectura geométrica, como imagen y figura global bien diseñada en sus pormenores, y los correlatos o correspondencias de contenido social que encajaban perfectamente en el diseño geométrico de su estructura. En particular observamos cómo la varia temática, perteneciente a la supraestructura social (religión, historia, educación) está supeditada y controlada por la infraestructura económica (división de clases sociales y niveles de ocupaciones laborales y profesiones). Ahora queremos añadir otras consideraciones más abstractas que se desprenden del texto, sobre todo en lo referente al tiempo y espacio circulares y al mensaje o mensajes implícitos en la narración.

Con respecto al tiempo circular, ya hemos observado la síntesis de la historia occidental americana en el pasaje transcrito (113) en un estilo surrealista y pseudoabsurdo, pero, considerando la tradicional migración del méxico/chicano, detectamos en la historia mítico-real un flujo de vaivén circular de este pueblo. Se dice que el azteca procedió del «norte» (Aztlán) para, por un llamado divino, sentar sus bases en el Valle de México o Tenochtitlán. Menos mítico es el descubrimiento y ocupación del hispano/mestizo del suroeste (Aztlán) bajo el imperio español a partir del siglo XVI. Futurísticamente se insinúa en el texto narrativo de «Resbaladero» que habrá con el tiempo otra migración hacia Tenochtitlán, y esto debido al flujo del «líder» gringo que, al final del cuento y bajando por el «resbaladero», se dirige hacia los recursos naturales del petróleo mexicano. Este tiempo de vaivén circular encaja en el espacio también circular tanto geográfico como geométrico, de acuerdo al diseño del «resbaladero».

A simple vista, la figura de un resbaladero da la impresión de un promontorio o cerro con una base al norte (EE.UU) y otra al sur de la frontera (México). Pero lo que no se observa a simple vista es que en la base Sur del montículo o «resbaladero» hay un *hoyo* o parte cóncava en donde cae el que resbala. Esta parte cóncava u «hoyo» tiene dos significados: uno, el simbólico, que es la contraparte del «cenit» del montículo/»resbaladero», o sea, una montaña invertida. Por otra parte, el significado real es el pozo petrolero. Trazando una línea ondulada, resulta que el «resbaladero» tiene la figura de una serpiente que se mueve onduladamente y que, en cualquier momento, puede cerrar el círculo. En otros términos, el tiempo y el espacio, al nivel simbólico y real, adquieren y se nos presentan en forma ondulada, circular o cíclica.

Todas estas observaciones nos llevan al que parece ser el mensaje global del texto: se condena, por una parte, al sistema anglosajón por traer a la mano de obra campesina y barata del mexicano/chicano, incitándola y amaestrándola en el sistema angolosajón, ajeno a la lengua/cultura del mexicano para dejar detrás de sí las sobras contaminadas o «la cagada»; por otra parte, también se le condena al gringo por su avaricia materialista/capitalista, que lo induce a apoderarse de la riqueza natural de aquél que tiene en su casa --sin saberlo-- el petróleo, es decir, el mexicano.

Pero es que el mexicano/chicano tampoco se escapa de la crítica irónica, creyéndose que, al imitar al *gringo* y a su sistema social y clasista, va a subir al «cenit» del resbaladero/montaña, perdiendo su identidad lingüística y cultural cuando, en realidad, el hecho es que el gringo ya se está transformando lingüísticamente y dejando atrás su lengua/cultura para hacerse *mexicano*. Otro rasgo cómico del texto es que, cuando llegan al «hoyo», se oye la voz de Ms. Fairhead que, después de haber «resbalado» y «sobado los culos rosados» de los gringuitos que se habían deslizado, pronuncia categóricamente: «Brown is beautiful/El ser prieto es hermoso» (115). En conclusión, parece indicarse que la función del mexicano/chicano no debe ser la de «follow the leader/sigan al líder» --imitando a la culebra que se muerde la cola-- sino la de permanecer en la franja fronteriza y, por medio de su *verdadero* bilingüismo, hacer de eje e intérprete tanto del mexicano que sube como del anglosajón que baja.

Foto cortesía de Miguel Méndez M.

III

Miguel Méndez M.

En esos años que menciona yo no había leído a autores chicanos, ni me enteraba cabalmente de los acontecimientos políticos que afectaban a la comunidad chicana. Influyó en mis obras la misma curcunstancia que propició el surgimiento del movimiento chicano.

No tengo nada de qué arrepentirme. Escribo como me da mi real gana, sin oídos a consignas o pareceres gratuitos.

ENTREVISTA

Lupe Cárdenas (LC)
¿Dónde y cuándo nació?

Miguel Méndez M. (MMM)
Nací en Bisbee, Arizona, un 15 de junio de 1930, sobre los que han pasado ya 58 veranos de hervor batiente. Cincuenta y ocho años que ya no tengo, pues los que tengo en perspectiva no se enumeran a priori. *Ya ve, si el cerebro no da para consideraciones filosóficas, el tiempo, sí. Por favor, no me mencione la palabra vejez.*

LC
¿El ambiente de su familia tuvo algo que ver en su decisión
e inclinación como futuro escritor?

MMM
Sí, en parte influyó mi familia en ésta mi vocación que traigo o me trae a rastras. En mucho también cuenta lo «circunstancial», esto para que vea que he leído a Ortega y Gasset.

LC
¿Qué libros de ficción leía en su infancia y en sus
años de formación?

MMM
Alguna vez le platiqué que cuando se repatriaron mis padres nos asentamos en el ejido de El Claro, Sonora, mis papás desempacaron cajas llenas de libros y un fonógrafo RCA Victor. Vivíamos en una casa muy pobre, de veras, pero rica en letras. Allí leí a Julio Verne, Salgari, Amicis y muchísimos más. Mi madre me enseñó a leer cuando yo tenía cinco años de edad. Mi afición prendió de inmediato y allí me tienen engullendo libros por los ojos, por eso ahora que soy «relativamente joven» los tengo como portamonedas.

LC
¿Cuándo comenzó a escribir?

MMM
Después de los diez años empecé a escribir por mera diversión. Jugar con las palabras y fabricar imágenes me entretenía como un deporte. Luego pretendí incursionar en el ámbito de las ideas. Lo de narrar no sé ni cuándo llegó. Creo que a los tres años.

LC
¿Cuál fue la causa principal y el motivo decisivo en su vocación de escritor?

MMM
La causa principal que despertó en mí la afición a escribir fue la de construirme un mundo interior, vasto y siempre en expansión. Algo así como un niño que se construye una casa en la cima de un árbol frondoso, para desde allí ver y meditar aislado del mundo exterior. Tiene que haber otras causas variadas y complejas que no me da gana de averiguar por perezoso que soy.

LC
¿Qué estudios hizo?

MMM
Bueno, eso de «hizo» suena muy concluyente. Siempre estoy atareado en esto que atañe a la literatura. Pero sí, como punto de partida, base y despegue de éste mi empeño en borronear letras, obtuve de la escuela primaria de El Claro, los seis años correspondientes. El quinto año lo estudié en Arizpe, Sonora, pueblo antiquísimo, por tal de interés.

LC
Estos estudios, ¿tuvieron influencia en su vocación de escritor y cómo?

MMM
Naturalmente que sí. De allí derivé la habilidad para leer y escribir. Cada libro es un maestro y la escritura la clave para expresar lo que generalmente no se platica a viva voz.

LC
¿En qué lengua comenzó a escribir y en cuál escribe ahora?

MMM
Yo navego espacialmente en mi universo interior, pasajero en la nave «lengua española» y, claro, conozco los diversos niveles lingüísticos que a modo de satélite se dan en torno y al margen de ésta.

LC
¿Hay alguna lengua «oficial» en la ficción chicana que sea distinta a cualquier otra cultura y literatura?

MMM
En el caso nuestro, mosaico de lenguas oficiales, dables en regiones o expresión de grupos, cada autor responde a la que le es idóneo, ni más ni menos. Lo que nos identifica en común es un tanto la coincidencia en la temática que deriva del acontecer propio del microcosmos chicano. Bien puede enfatizarse el que mi español está coloreado con los matices correspondientes a la zona fronteriza Arizona-Sonora.

LC
¿Cree que la lengua en que escribe uno es importante como símbolo de la cultura del pueblo chicano sobre el que escribe?

MMM
Primero, como hemos dicho, el escritor debe necesariamente de escribir en la lengua que mejor domine, de otro modo la cosa no resulta muy auténtica. Nos importa de manera vital a los chicanos, mexicanoamericanos, mexicanos preservar nuestra cultura ancestral. Esto significa tener carácter e identidad de consistencia sólida. Con carácter, es decir, sin ambigüedades y confu-

siones de ninguna índole, podemos trazar metas elevadas y alcanzarlas, porque el combustible es ése: carácter o, en otras palabras, fortaleza del espíritu.

LC
En general, ¿por qué escribe?

MMM
Cuando me siento agotado de tanto escribir me hago esa misma pregunta. Quizá escribo más que todo por gusto, pasión humanista, sensualidad, vanidad, soberbia, ambición, y vaya usted a saber, por qué otros motivos, de ésos un tanto sombreados en las tenebrosidades recónditas del inconsciente. A lo mejor hay también en mí un señor feudal o algún desgraciado esclavo, o los dos a la vez. Total, que si no heredamos traumas o conflictos desde otras generaciones, pues con leer a psicólogos o psiquiatras los adoptamos.

LC
¿Hay algún motivo externo que le obliga a escribir? (como, por ejemplo, otros escritores, familia, ganancia, «publish or perish», etc.).

MMM
Esos motivos que enumera, en el fondo no me perturban para nada. Como le he platicado, publiqué a los 38 años de edad. Para entonces tenía acumuladas centenares de páginas inéditas. Ahora con mis 18 años de profesor universitario quizá me influyan esos motivos que señalas. De proletario a burgués tienen que darse cambios, ¿no cree?

LC
¿Encuentra usted que el ambiente social, como la vida del chicano o el mainstream, le motivan a escribir?

MMM
Para dar vuelo a mi escritura derivo de un acontecer vastísimo antecedentes literarios desde la época medieval, tradición oral de tipo universal también localista y, claro, lo que respecta particularmente a mi mundo

inmediato, suroeste de los Estados Unidos y noroeste de México. Enfocó, pues, mi fantasía desde muchas perspectivas, incluidas las que usted mencionaba.

LC
¿Hay algún motivo político que le invita a escribir?

MMM
En mis obras hay, en efecto, una dosis cargada de significados políticos. Sin embargo, motivos políticos para competir por algún puesto en el gobierno no, no y no. No anda por ahí mi vocación. Con muy honrosas excepciones, los políticos de carrera no actúan de manera justa e inteligente.

LC
El movimiento chicano de los '60 y '70, ¿tuvieron alguna influencia en sus obras?

MMM
En esos años que menciona yo no había leído a autores chicanos, ni me enteraba cabalmente de los acontecimientos políticos que afectaban a la comunidad chicana. Influyó en mis obras la misma circunstancia que propició el surgimiento del movimiento chicano. Alguna vez un joven, de ésos que jamás han tocado una pala y que tienen manos finas de señoritas, me preguntó reclamante que si dónde había estado cuando el movimiento chicano; le contesté la verdad: fabricando casas de ladrillos. He conocido el mundo del obrero en vivo. Con todo respeto para los teóricos, me quedo con mi experiencia de 24 años de proletario para dictaminar sobre la entraña de la vida del trabajador. Lo demás me viene como pantalón de pachuquito.

LC
¿De otra parte, hubo algún motivo fuerte interno que le empujó a que escribiera? ¿Cuál fue?

MMM
Entre otros motivos le indiqué en la pregunta #1 lo de la pasión humanista y otras cosas. No me haga trabajar de más; ya es mucha la juventud que he acumulado.

LC
¿Cree que tenía, y todavía tiene, algo que decir a los lectores?

MMM
Tengo todo un mundo que comunicar a los lectores, apenas voy empezando; ahora que si ellos no quieren leer lo que escribo, pues están muy en su derecho. Tanto mejor si leen mis escritos.

LC
Si no hubiera encontrado el vehículo literario que encontró para expresarse, ¿de qué otra forma podría haber comunicado sus mensajes?

MMM
Quizá haciendo ademanes y gestos; de otro modo no sé cómo. Como cantante, dibujante, danzante, escultor, etc., nomás no podría. Ya lo intenté, ¡qué desastre!

LC
¿Se arrepiente de haber escrito lo que escribió o cómo lo escribió, o hubiera querido cambiar de orientación?

MMM
No tengo nada de qué arrepentirme. Escribo como me da mi real gana, sin oídos a consignas o pareceres gratuitos. Lo que pudo haber sido es más válido para una canción llorona.

LC
Entre las dos razones que le motivaron a escribir, ¿cuál fue la más fuerte, la interna o la externa?

MMM
Las dos razones son correlativas: las de lo externo motivan las interiores y viceversa. De modo que las dos se reducen a una. No en vano estoy plateado (del cabello). Le doy permiso para que se ría de mi filosofía.

LC
Dejando la humildad de lado, ¿quiere que se te recuerde como escritor?, dicho de otra manera, ¿le ha contagiado la «fiebre de la inmortalidad», como les ha pasado a otros escritores?

MMM
La inmortalidad aquí entre mis congéneres me importa un soberano bledo; me importa la otra. Orgullosamente le digo: creo en Dios, soy cristiano, católico por herencia y no me mueve de manera enfermiza el quedar santón laico en la memoria de la humanidad, ni por milenios, centurias o décadas. Por el tiempo que me recuerden me da igual que sea como minero, campesino, obrero de la construcción, maestro o escritor. A escoger. Yo desde el Más Allá les sonreiré o, en su defecto, les pelaré los dientes (los míos).

LC
En general, ¿para quién escribe?

MMM
En mis primeros años de escritor aficionado almacené muchas páginas con muy diversos contenidos. Publicar entonces era más difícil que ahora para nosotros. A mí me parecía algo imposible. No escribía para ningún tipo de lector en particular. Ahora escribo sencillamente, para el que desee disfrutar o sufrir de mis obras.

LC
Cuando está escribiendo, ¿tiene en mente al lector?, ¿qué clase de lector?

MMM
El lector que tengo en mente es el aficionado a la lectura que quiere saber de estos parajes, enterarse un tanto de la trayectoria que delineamos a través de nuestra experiencia de fronterizos. La historia y fenómenos inherentes pueden rastrearse en nuestros libros embarcados en anécdotas graciosas o dramáticas. Me gustaría que nos leyeran los humildes, los explotados, para que se vean en un espejo; pero éstos generalmente no leen por falta de costumbre, energías, dinero para comprar libros, tiempo o conocimiento de las letras.

LC
¿Le preocupa el crítico durante el proceso creativo, o después de haber escrito, o nunca le preocupa?

MMM
Suele darse esporádicamente el crítico que todo lo juzga negativamente, que agrede a ciegas; a éste hay que compadecerlo, porque sufre algún tipo de frustración aguda. El crítico a lo cirujano es divertido, emplea la obra literaria como conejillo de indias para experimentar, escribe entonces análisis muy sabios. Gracias a su magistral manejo del bisturí, como resultado la obra en cuestión pasa a un segundo o tercer término en importancia y el escrito del crítico se convierte en teoría de primer orden, muy brillante, sabia y valiosísima para la posteridad. Entreveo a otro crítico: el de la erudición por la erudición. De éste he obtenido las bibliografías más variadas y extensas en cuanto a autores y teóricos literarios. En otra ocasión le diré del crítico geométrico, el pitagórico que dibuja líneas, cuadros, conos, etc. para decir de estructuras literarias. No sé por qué no hay críticos de críticos, sería divertido y necesario además. La verdad, fuera de broma, la labor del crítico es creativa y determinante. Sin el crítico, el escritor permanece en las tinieblas, como dicen por ahí. Es como una carreta sin ruedas. No obstante, la verdad íntegra es que mientras escribo no tomo en cuenta al crítico para nada, pero lo respeto; lo que pasa es que me gusta hacer chistes de las gentes así muy rígidas, circunspectas y casi perfectas. Otro detalle es que los críticos que se ocupan de mis escritos son mis amigos. Cómodo, ¿verdad?

LC
¿Cómo catalogaría su obra: como documento, como objeto de placer, como producto artístico o simplemente como una obra literaria total?

MMM
Mi obra es modesta. Como toda obra creo que contiene los elementos que menciona. ¿Qué obra literaria es total? Ni lo mande Dios que me ande con esas presunciones. Para mí la total sería la que concierne a todo el acervo literario habido y por haber desde el principio de los siglos hasta el mero cabo (si no escribo bien, por lo menos dramatizo).

LC
Hipotéticamente hablando, ¿escribiría si supiera que no iba a tener un público lector adecuado o apropiado?

MMM
Como le he dicho, entre cigarro y cigarro y sorbos de café, ¿o de cerveza? Escribí por muchos años sin público lector; igual seguiría escribiendo dado el caso. El lector es variadísimo, para mí tan importante el que disiente de lo que escribo como el que lo aplaude.

LC
En general, ¿sobre qué temas escribe?

MMM
Digamos que escribo sobre la vida. Esto en sí implica todos los temas dables en la mezcolanza de realidades y ficciones. Ciertamente, el fondo y marco de mis modestos escritos han sido mayormente los panoramas fronterizos del campo y citadinos. Para ser más específico, hasta hoy he escrito enfáticamente del dolor del hombre pequeño, del humillado que subsiste en la frontera (de ambos lados) y paradójicamente de la picaresca natural a estos lares.

LC
¿Hay algún tema sobre el que quisiera escribir y sobre el que no ha podido escribir? ¿Por qué?

MMM
Sobre muchos temas y géneros quiero incursionar: teatro, poesía, ensayo, además de novela y cuentos. Planeo ahora una futura novela desarrollada en varios planos: mi vida de obrero y de maestro universitario, etc. Bueno, esto es alternando episodios con respecto a una y otra experiencia. Ahora escribo la novela El circo que se perdió en el Desierto de Sonora.

LC
¿Cree que hay temas prohibidos o delicados sobre los que le parece que no debe escribir?

MMM
Como todo escritor, selecciono los temas que son congruentes con mi credo, sensibilidad, vocación, etc. No concibo vedas, prohibiciones, límites en cuanto a temas, siempre y cuando lo escrito sea bien elaborado, literariamente hablando.

LC
¿Qué temas importantes no ha tocado todavía la literatura chicana? ¿Por qué no?

MMM
Creo que un tema que no hemos tocado decididamente es el del cuestionamiento o sentido crítico de nuestra actitud en común, movimientos sociales, liderazgos, filosofías, etc. Una novela por ejemplo sobre «El movimiento chicano» visto desde su interioridad, sería interesantísima, nos daría conocimiento íntimo de nuestras pasiones y actitudes prejuiciosas para con nuestra misma gente y postulados, pondría de relieve a los falsos mesías de mucho ruido y «caíta» nueces («caíta»: nada, del dialecto yaqui). No me alargaré más, en favor de la brevedad.

LC
¿Cree que el escritor en general, y el chicano en particular, es libre de escribir sobre lo que quiera? O, dicho de otro modo, ¿cree que el público lector o la sociedad le impone al autor chicano límites?

MMM
No tengo potestad para opinar sobre lo que creen otros escritores. En cuanto a mí, como reza el decir de nuestra gente: me viene guango escribir de lo que me dé la gana. No veo ni la penumbra al público lector, ni a ninguna sociedad que nos lea. Sólo nos leen a nivel estudiantil, gracias a la recomendación de profesores que juzgan importante lo nuestro. Independientemente de los estudiantes, nos leen muy contados lectores. No hombre, qué límites ni qué ojo de hacha. ¿Quién los pondría?

LC
¿Necesita una atmósfera o ambiente adecuado o ideal para poder escribir?

MMM
Para escribir prefiero, naturalmente, algún lugar aislado. Sin embargo, cuando estoy determinado, empeñoso en algún proyecto literario escribo donde sea, a cualquier hora, solo, en silencio o bien rodeado de gentes ruidosas. A la novela El sueño de Santa María de las piedras *la escribí durante dos veranos, a todas horas, entre gritos, risas, ruido de estéreos, televisor, rezongas de adultos, carreras y chillidos de mocosos, sobrinos, vecinos, y párale de contar. Pero yo, peregrino por esos mundos de Santa María, ignoré el exterior cubierto y aislado por las soledades desérticas presentes al conjuro de mi desnutrida fantasía.*

LC
¿Cuáles fueron los primeros pasos o etapas en la gestación de su obra? ¿Controla usted esta primera etapa del proceso?
¿Cómo diseña o planea la obra en gestación?

MMM
Si una novela es obra de ingeniería, como suponen por ahí, entonces los trazos o delineamientos previos se elaboran necesariamente de modo subjetivo. Yo diría que una vez designado el tema y puestos en movimiento los primeros personajes, ambos, ellos y yo marchamos de común acuerdo descubriendo un mundo altamente revelador por su contenido insólito. Si surge alguna desavenencia, la superamos fácilmente. Ahora que si algún personaje se me rebela y rehúsa disciplinarse, pese a toda sugerencia, pues yo, arbitrariamente, como supremo, lo mando a chiflar a su mami.

LC
Una vez comenzada la obra, ¿controla usted la obra/personajes o ella/ellos le controlan a usted?

MMM
Esta pregunta quedó aclarada en la anterior respuesta. Para que no pase en vano le diré: escribir una obra literaria es esculpir una estatua, todo consiste en que le quite al mármol lo que le sobra.

LC
Se dice que una obra de arte es una «creación».
¿En qué consiste esa función de creador?

MMM
A esta pregunta se le pueden dar varias definiciones, válidas todas. Se me ocurre que la función del creador consiste no sólo en reflejar la vida y el ambiente que lo rodea, fotográficamente; sino, además, en entrever y dar alma a la interioridad de lo que describe. Para dar cuenta de la esencialidad humana, el artista toma de la realidad un mínimo y un mucho de la ficción, porque es por medio de la fantasía, el espíritu creador, la intuición, que se logran síntesis no dables en la rutina cotidiana.

LC
¿Cuánto de «pura ficción», cuánto de «realidad o experiencia personal» y cuánto de «pueblo» hay en sus obras y en qué proporción?

MMM
Soy malo para los números, y lo de los porcentajes me pierde. Hay mucho de todo eso en mis escritos. La mezcolanza que menciona se da en un todo ya integrado, y definir la dosis sería tarea de laboratorio.

LC
Cuando escribe, ¿qué relación ve usted y qué porcentaje le da a sus obras entre forma artística y contenido temático?

MMM
Cuando escribo no me preocupan en nada absolutamente tales consideraciones. Una vez que termino algo, trato de entender cada ingrediente y generalmente no lo logro. Esa labor se la dejo a personas inteligentes y laboriosas como usted y demás.

LC
¿Cuánto de consciente y cuánto de inconsciente hay en su obra?

MMM
A lo mejor en mi obra llegan a darse en igual proporción lo consciente y lo inconsciente, aunque también creo que esto varía de un escrito a otro. En general, se dan los dos elementos en mi obra, como en la de otros escritores. Otra vez le dejo a usted las matemáticas.

LC
Después de terminada la obra, ¿se ve reflejado en ella? ¿La reconoce como criatura suya o la ve como algo ajeno a usted?

MMM
No me anarciso en mis obras. Las termino, y ya. Luego emprendo otras. He opinado que los libros son como hijos de un autor; que nacen de la edad que tiene el escritor cuando las echa al mundo. Por lo demás, quedan a su suerte para ser honradas, ignoradas, vilipendiadas, celebradas y todo lo que termine en «adas», sin que el pobre autor pueda hacer mejor cosa por ellas.

LC
Una vez que la obra «se desprendió» de usted, ¿se siente que ha perdido algo integral tuyo o parte de tu persona, o, al contrario, que ha acumulado o ganado algo en su vida?

MMM
El escribir es también cultivar la fase más elevada en cuanto al ejercicio del lenguaje y constituye un instrumento valiosísimo para el desarrollo intelectual. Amén de otras muchas razones, creo que resulta gananciosos el crear obras para lo espiritual, porque en tratándose de regalías se imponen los puntos suspensivos....

LC
¿Quisiera añadir algún otro comentario más sobre usted mismo, sobre su obra, sobre los críticos o sobre el público lector? ¿Algo que no se haya incluido en esta entrevista?

MMM
Lo que importa en todo caso es la obra, el autor es secundario. Si ésta es merecedora, pues bien, y si no, pues a mí en lo particular no se me quita lo bromista. Me da tranquilidad el saber que escribo siempre con intención noble para con mis congéneres.

La ciudad como arquetipo de la Madre Terrible en *Peregrinos de Aztlán*[5]

En este ensayo desarrollaremos el tema del «principio femenino» desde el punto de vista arquetípico, aplicado a la novela *Peregrinos de Aztlán*, de Miguel Méndez M. Esta obra, publicada por primera vez en 1974, ofrece aún hoy gran interés para los críticos. Parece natural, ya que *Peregrinos de Aztlán* contiene un sinfín de tópicos y temas que justifican la publicación de tanto ensayo sobre este texto complejo. No obstante esto último, son pocos los críticos que han escrito sobre dos grandes y obvias alegorías que aparecen en la novela: las representaciones del desierto y de la ciudad fronteriza, que terminan ambas por convertirse en imágenes de la Madre Terrible.

El Arquetipo Femenino adquiere diversas formas en Méndez, puesto que se trata de la visión de una realidad compleja. Sin embargo, las tres posibles figuras de este arquetipo, la Gran Madre, la Madre Buena y la Madre Terrible, se hallan representadas en *Peregrinos de Aztlán*. Además, el autor las coloca en dos niveles: en el nivel concreto y en el nivel abstracto. En el nivel concreto o particular, se encuentran en forma de personajes de carne y hueso, como la Malquerida y la señora Foxye. En el nivel abstracto y universal, las hallamos en forma de imágenes alegóricas, como el desierto y la ciudad. Reconocemos que ambos niveles son importantes, pero por ahora nos ocuparemos exclusivamente del segundo, o sea, del abstracto y universal, limitándonos al de la ciudad. En el segundo ensayo estudiaremos el desierto.

Queremos, antes de entrar en los pormenores del texto mendeciano, comentar brevemente sobre el tema de la madre y del papel tradicional que ésta desempeña en la cultura chicana. Y esto con el fin de establecer una relación entre el Arquetipo Femenino que existe al nivel psicológico --que es parte del mundo interno del individuo artista-- y la proyección de dicho arquetipo que, a su vez, se convierte en una realidad concreta en el mundo real. Tarde o temprano, lo interno tiene que manifestarse en un resultado externo. O sea, en el producto que toma la forma de arte.

La mujer ha desempeñado siempre un papel muy importante en la vida cotidiana del chicano, sobre todo bajo la figura de la madre. Por lo general, ella es la que proporciona el afecto, amparo y alimentación, tan imprescindibles para el desarrollo biológico y psicológico del individuo. La madre no solamente da vida, sino que la sostiene. Sin esta última función, especialmente durante los años de niñez, el ser humano no podría sobrevivir o, por lo menos, no sin que su personalidad resultara perjudicada. Debido al cuidado corporal y espiritual que ella proporciona a sus hijos, el chicano tiene una imagen bastante positiva de la madre, siempre y cuando no deje de ser la madre abnegada, la fiel esposa, la fuente de consuelo, la que todo lo sufre sin quejarse. Estos rasgos se funden en la mente del individuo para convertirse en una totalidad psicológica. Pero, al fallar estas condiciones, surge la Madre Terrible para conducirnos al mundo del inconsciente colectivo y de los arquetipos.

Como se sabe, las configuraciones que emanan del inconsciente colectivo son imágenes universales que no necesariamente tienen relación directa con las experiencias del consciente personal. Esto es lo que nos interesa en la obra de Méndez. El autor toma experiencias diarias, comunes, y las eleva al nivel universal arquetípico a través de la metáfora literaria. Parece ser que esto es poco común entre los escritores chicanos. Es cierto que casi todo escritor hace uso de la figura de la mujer, ya sea en su papel de madre, esposa, hermana, amiga, amante o novia. Pero muchos se quedan en el nivel personal. Esto no quiere decir que lo concreto o particular no valga, o que los personajes que estos escritores crean --y que muchas veces están basados en experiencias personales-- tampoco valgan. Sí valen, porque a veces llegan a transformarse en personajes con quienes el lector se puede identificar, y así se perpetúan en tipos o prototipos, tan familiares en nuestra literatura.

Méndez, sin embargo, va más allá del nivel personal y de tipos o prototipos, transportándonos al nivel universal y colectivo de los arquetipos. Esto es lo que nos interesa en el presente análisis. El autor toma dos cosas tan patentemente disímiles, la ciudad y el desierto, y, a través de su visión arquetípica, las eleva al nivel universal. Esto lo consigue por medio de la figura de la Gran Madre, en su aspecto negativo; o sea, equipara la ciudad y el desierto al «principio femenino» bajo su aspecto «terrible», que no cumple con las funciones mencionadas anteriormente. Así, a base de sus visiones arquetípicas, el autor de *Peregrinos de Aztlán* transforma una imagen psíquica en una realidad concreta que respira por su propia cuenta en el mundo externo.

La Gran Madre

El vocablo «madre», con sólo enunciarse, evoca en la mente de cada ser humano múltiples imágenes. Tales imágenes pueden tomar un aspecto negativo, positivo, o negativo y positivo a la vez, de acuerdo a las experiencias, sueños y visiones de cada uno. Estas son las tres posibilidades, según lo que ha dicho Eric Neumann (*The Great Mother*) en su explicación sobre la evolución del arquetipo de la Gran Madre. Las afirmaciones que hace no son gratuitas, ya que las comprueba con todo tipo de arte pictórico y de artefactos, como estatuas, esculturas, pinturas, cuadros y dibujos que van desde la más remota antigüedad hasta la época moderna, y que son pruebas concretas de la Gran Madre que hemos heredado a través del transcurso del tiempo. Uno de los méritos de Neumann radica precisamente en haber sabido reunir un conjunto masivo de pruebas visuales para apoyar su hipótesis en cuanto a la fragmentación tripartita de la configuración de la Gran Madre.

A pesar de que la imagen de la Gran Madre se divide en tres entidades, las características esenciales del conjunto de las tres figuras se reducen a dos: lo bueno y lo malo. Esta cualidad bivalente es de suma importancia para nuestro estudio, sobre todo el elemento negativo, ya que coincide con la visión de Méndez. J.C. Cooper, en su enciclopedia de símbolos, nos proporciona una definición de la mujer muy útil y, por extensión, de la Gran Madre. Dice que la *mujer* es:

> The Great Mother, the Great Goddess, the feminine symbolized by the moon, the earth and the waters; the instinctual powers as opposed to the masculine rational order. It is a highly complex symbolism as the Great Mother can be beneficient and protective or malefic and destructive; she is both the spiritual guide and the siren and seducer, the virgin Queen of Heaven and the harpy and harlot, supreme wisdom and abysmal folley --the total complex of nature (194).

La definición de la *Gran Madre*, que nos proporciona el mismo autor, es casi idéntica a la de la mujer, y la expone de la siguiente manera:

> Nature, the universal Mother, mistress of the elements, primordial child of time, sovereign of all things spiritual, queen of the dead, queen also of the immortal...

the wholesome sea breezes, the lamentable silences of the world below. She is the archetypal feminine, the origin of all life; she symbolizes all phases of cosmic life, reuniting all the elements, both celestial and chthonic. She is both nourisher, protector, provider of warmth and shelter and the terrible forces of dissolution, devouring and deathdealing, she is the creator and nourisher of all life and its grave (108).

La mujer y la Gran Madre son una y la misma. Y la característica que más sobresale de las dos citas anteriores es la bivalencia o la dualidad de tales imágenes, como ya se ha señalado. La Gran Madre, pues, es un conjunto de opuestos. A nosotros, sin embargo, solamente nos interesa aquí el elemento o polo negativo de dicho dualismo. Es la Madre Terrible la que se manifiesta a través de y en los personajes de *Peregrinos de Aztlán*. Primero toma el disfraz de mujer joven --ciudad-- y después el de mujer anciana --desierto. No obstante todo esto, será necesario hacer mención del polo positivo, la Madre Buena, aunque sólo sea someramente.

La Madre Buena

Como se ha dicho, los elementos positivos de la Gran Madre se cristalizan en la figura de la Madre Buena. Esto, obviamente, significa todo lo benéfico que fluye de tal configuración y que, por consiguiente, el ser humano ha experimentado a través del tiempo y del espacio. Y, además, todo lo bueno que el individuo experimenta está basado en una realidad inmediata y personal. Es decir, que el individuo, cuando todavía es niño, experimenta el arquetipo de la Gran Madre en la figura de su propia madre. Por medio del proceso de la «proyección», la Madre Buena y la madre de carne y hueso se convierten en una misma realidad. El individuo no podrá separar las dos entidades hasta más tarde en la vida. Es más, la madre en sí no tiene ningún valor. Lo que importa es que en esta etapa original el individuo depende de una persona para su sobrevivencia, sea o no sea ésta la madre natural. Cualquier persona femenina que satisfaga estos requisitos básicos de sobrevivencia llega a constituir la madre y, por extensión, la Madre Buena.

Ahora bien, esta identificación entre la imagen de la Madre Buena arquetípica y la madre concreta y real se debe a que sus funciones respectivas son muy parecidas. Por ejemplo, la madre a nivel concreto, y por extensión la Madre Buena a nivel abstracto y colectivo, contiene en sí y protege, da a luz y alimenta. Es ella también quien determina cómo, cuándo y dónde el individuo se formará. Culturalmente, la crianza de los hijos ha sido siempre, y mayormente, responsabilidad de la madre. De esto se desprende entonces que, durante los primeros años de vida, la figura de la madre concreta predomina en el desarrollo biológico y psicológico del individuo. Ella se esmera en producir un individuo bien equilibrado que, más tarde en la vida, exigirá su independencia, para funcionar en el mundo por su propia cuenta. Psicológicamente hablando, ésta es la batalla más difícil para ambos. La madre, por una parte, después de tanta devoción y cuidado que le proporcionó al hijo, se ve obligada a soltarlo y liberarlo. Este, a su vez, se ve forzado a independizarse. Sin la cooperación mutua, esta evolución no se puede llevar a cabo de una manera sana y normal. Siempre que la madre busque el bienestar del individuo, es la Madre Buena. De esta manera se entiende cómo lo concreto y lo abstracto se funden hasta tal punto que vienen a representar de alguna forma la misma cosa.

A medida que el ser humano experimenta avances o cambios culturales, la imagen de la Madre Buena también sufre otras transformaciones. Dichos cambios, a diferencia de las diosas mitológicas, toman un aspecto espiritual que hasta entonces no se habían visto. En otros términos, damos un paso de la materialidad --fuente de vida biológica-- a la espiritualidad --fuente de vida psíquica. Y la configuración pierde a la vez su carácter de diosa fabulosa para cobrar valor como concepto y alegoría. En términos espirituales y psíquicos, la Madre Buena es Sophia, manantial de «Sabiduría» que inspira y conduce al hombre al conocimiento de la vida; es «Filosofía», que dirige la instrucción del hombre; es la «Musa» e «Inspiración», que permite la transformación espiritual del hombre a través de la poesía, sueños, fantasía y visiones. Más tarde, el judeocristianismo occidental destrona y suprime la imagen de la Philosophia-Sophia a medida que las antiguas civilizaciones matriarcales llegan a convertirse en patriarcados (Neumann, *Great Mother*, 332).

La Madre Terrible

La Madre Terrible es la contraparte negativa de la Madre Buena, comprendiendo todas las experiencias psíquicas de índole perniciosa del ser humano y para el ser humano. Pero, a diferencia de la Madre Buena, cuyas diversas manifestaciones tienen correspondencias concretas en el mundo externo, las variantes de la Madre Terrible emanan del mundo interno del individuo. En otros términos, la imagen de la Madre Buena parte de un hecho básico y visible: la relación humana entre madre e hijo. En el caso de la Madre Terrible, esta relación positiva no existe en sí, ni se pueden encontrar las características físicas o tangibles de la Madre Terrible en el mundo externo.

La Madre Terrible surge de la angustia, del miedo y del terror que el individuo siente dentro de su ser, y ante el misterio de lo incógnito. Por esta razón, la Madre Terrible siempre ha tomado la forma de un monstruo o de una quimera. Todo lo que viene del interior está relacionado con el mundo nocturno, por pertenecer al subconsciente o inconsciente, y por no poder explicarse racionalmente. En cualquier parte de la tierra, ya sea en Egipto, la India o México, dichos seres fantásticos deben su origen al mundo interno del individuo, y no al externo. Pertenecen al inconsciente colectivo y, en particular, al dominio de la Madre Terrible.

Al igual que la Madre Buena, la Madre Terrible ha dejado su huella en las épocas antiguas y sigue vigente en la actualidad. Se hizo ver en las mitologías, cuentos y artes plásticas de diferentes culturas, gentes y países. Aún hoy nos acosan espectros, fantasmas, brujas y vampiros en nuestros sueños y pesadillas. Todos estos son motivos diferentes de la misma configuración, ya que el lado oscuro del Arquetipo Femenino engendra figuras horripilantes que subrayan la dimensión negra y abismal de la vida y de la psique humanas. Así como el mundo, la vida, la naturaleza y el alma sintieron las fuerzas benévolas de la Madre Buena en forma de alimentación, amparo y calor, así también, pero en el sentido opuesto, se percibe en la imagen de la Madre Terrible. Por eso, el individuo ve y siente el peligro y la destrucción de que es capaz esta última, la cual se manifiesta en forma de muerte, caos, conflicto, pena, dolor y sufrimiento. Sobre todo la guerra, la enfermedad y el hambre componen su batallón de aliados. En resumidas cuentas, la Madre Terrible es la Diosa de la Guerra; es la Reina del Mundo Subterráneo y de la Madre Tierra, cuya matriz, que en su aspecto positivo engendra vida, en su aspecto negativo, se convierte en la tumba y el sepulcro de todo lo que vive: la flora, la fauna y la especie humana están sujetas a su voluntad. Las dos figuras se complementan: la Madre Terrible es tan necesaria como la Madre Buena. Esta da vida y aquélla la quita para poder renacer y morir de nuevo. Solamente alternándose puede la una alimentarse y vivir de la otra.

La Ciudad/Madre Terrible

Teniendo en cuenta lo que hemos venido diciendo con respecto a la configuración de la Gran Madre y su carácter ambivalente, veremos ahora el papel que la Madre Terrible desempeña en la novela de Méndez. No cabe duda que en esta obra la imagen de la Madre Terrible se cristaliza no sólo bajo la forma de los personajes femeninos, sino también bajo la forma de los personajes que carecen de sexo *per se*. Nos referimos al desierto y a la ciudad que, al ser elevados al nivel simbólico, resultan ser personajes al igual que los de carne y hueso. Por no ser personajes reales, pertenecen al mundo del inconsciente colectivo, donde surgen y se albergan los arquetipos o se acumulan aquellas experiencias universales y comunes a todo ser humano.

Comencemos con la ciudad que, aunque en sí no es ni femenina ni masculina, sin embargo siempre se le han atribuido características femeninas. Este hecho no es tan difícil de comprender si nos fijamos que la ciudad es uno de los muchos símbolos relacionados con el arquetipo femenino. De acuerdo a Neumann, «Anything deep, abyss, valley, ground..., the earth, the underworld, the cave, the house, and the city --all are parts of this archetype / Cualquier cosa profunda, abismo, valle, terreno..., la tierra, el subsuelo, la cueva, la casa y la *ciudad* (nuestro el énfasis) --todo esto forma partes de este arquetipo» (Neumann, *Origins*, 14). Puede verse el paralelo entre la madre y la ciudad. Esta, al igual que la madre, alimenta, ampara y protege. Neumann vuelve a confirmar este punto al decir: «Anything big and embracing which contains, surrounds, enwraps, shelters, preserves and nourishes, anything small belongs to the primordial matriarchal realm / Todo lo que es grande y abarcador, que contiene, rodea, envuelve, cubre, mantiene y alimenta, cualquier cosa pequeña pertenece al reino primordial y matriarcal» (Neumann, *Origins*, 14). En *Peregrinos de Aztlán*, la ciudad representa a la madre, pero no a la madre tradicional, a la que está acostumbrado el chicano; ni a la madre buena, que es el objeto de tanta reverencia en la literatura chicana, sino, por lo contrario, esta madre degradará al ser humano hasta rendirlo inútil ante la vida.

No pierde tiempo Méndez en prepararnos la imagen de la ciudad. Desde el principio de la narración nos cercioramos de que «ciudad» y «prostituta» son sinónimos: «Esta ciudad singular con aires de reputación dudosa ...» (Méndez, *Peregrinos*). Y las siguientes citas que aparecen salpicadas por dos páginas, donde se nos describe la ciudad, son más explícitas todavía: «alcahueta coquetona», «damisela descocada», «diosa mitológica» y «diosa de la tomada». Así que ciudad puede significar madre o «harlot / prostituta». El segundo significado es el que Méndez escoge para personificar a la ciudad. La convierte en prostituta, y ésta cobra vida al pie de la letra. Pues, una vez que toma dicha forma, habla literalmente dirigiéndose a todos aquellos que, dentro de sus perímetros, la habitan o la visitan. Los llama a que participen en la vida nocturna que ella ofrece. Hay actividades para todos los que padecen de flaquezas humanas. Para ricos, pobres, extranjeros, amargados, parranderos, frustrados, ladrones, asesinos. Cada cual puede encontrar su forma de escape por medio de las drogas, del licor y de la prostitución. A base de vicios, la ciudad los induce a que vuelvan a ella, a la fuente de origen, a la matriz. Aquí, en el mundo del caos y de la oscuridad, reina suprema la Madre Terrible. Así como en su aspecto positivo da vida, ahora reclama y quita esa vida. Lo que sale de ella, vuelve a ella.

La ciudad/Madre Terrible adapta su personalidad de acuerdo a lo que las circunstancias exigen. Por ejemplo, en el párrafo anterior, donde indicábamos que se dirige a los trasnochados, asume un tono benévolo, aunque irónico, y, bajo la máscara de la Madre Buena, los llama «hijitos», para que pasen a sus bares y prostíbulos. Ella misma, de ciudad se metamorfosea en sirena o encantadora, con el fin de despistar al ser humano. Seduce, distrae y, finalmente, destruye física y moralmente. Este motivo aparece con frecuencia en los cuentos para niños. La Madre Terrible engaña con promesas falsas para que caigan en su trampa. No siempre toma una forma terrible o repelente. Sin embargo, el resultado es el mismo, no importa qué forma asuma, ya que su propósito es la corrupción y la muerte.

Ahora bien, la ciudad es un medio ambiente artificial creado por el ser humano para su propia protección y supervivencia. Se supone, entonces, que el individuo acude a este sitio en busca de sus necesidades vitales -- vivienda y trabajo. Este es el caso de los «peregrinos» de Aztlán. Vienen atraídos por el dólar y esperanzados de poder sobrevivir. Pero los atrapa la ciudad/Madre Terrible y nunca llegan a conocer la sonrisa y protección de la Madre Buena. Ejemplos de seres fracasados abundan en la novela. Entre tales personajes se halla Loreto Maldonado, orgulloso indio yaqui, eje de la novela, que de general de la revolución mexicana termina como un desgraciado pobretón a quien echan a la basura cuando muere. Ni siquiera se mereció una sepultura humilde después de más de ochenta años de una vida escuálida.

También se encuentra la demente Ruperta, que se alimenta de los basureros y se cree bailarina. Ella, por lo menos, es en cierto modo autosuficiente, y no como El Cometa que es un pobre loco sucio que vive a la merced de esos que se conduelen de él y que lo alimentan. La Malquerida es víctima del negocio de la prostitución. Una mujer la vende como un animal a un prostíbulo. Al Buen Chuco, trabajador agrícola, lo consume prematuramente el trabajo pesado de los campos. Quebrantado espiritualmente, se dedica a las borracheras, hasta que comete un robo y es condenado a la cárcel. La historia personal de estos personajes, y la de otros muchos que no se han mencionado, son sumamente parecidas. Cuentan con una existencia sórdida y gris que no saben de alegría ni esperanza; y de un mundo abrumador que es incapaz de brindarles una sola oportunidad de superarse. Vienen a ser, son fantoches que la Madre Terrible manipula con sus vicios para encaminarlos hacia la frustración, la locura y la muerte.

En términos más globales, vemos que lo que ocurre con los personajes individuales también ocurre con el hombre-masa. Nos referimos a la legión derrotada de los «espalda-mojadas» que vienen persiguiendo una ilusión febril que representa EE.UU. como solución al hambre que los acosa física y espiritualmente. Este cómplice poderoso de la Madre Terrible los impele a llegar a la ciudad fronteriza. Llegan los más afortunados, pero no sin dejar señales de la ardua peregrinación. Quedan los ríos, arroyos, montañas y caminos salpicados de cadáveres y esqueletos. La tierra/Madre Terrible se convierte en una tumba inmensa para alimentarse de los más débiles. Y, para colmo, a los afortunados que sobreviven la caminata, los espera la «Migra» y la policía. Ambos son productos y mensajeros de la ciudad/Madre Terrible al igual que el hambre. Irónicamente, vienen huyendo del desierto/Madre Terrible para caer en sus propios brazos, de la ciudad/Madre Terrible.

Los niños nacen sin futuro. Condenados a ganarse la vida en sus cortos años, algunos se dedican a limosnear y otros a trabajos serviles que les ocasionan enfermedades y hasta la muerte, por estar desnutridos y andar a la intemperie. Forzados a competir en el mundo de los adultos, la etapa de la niñez se reduce a un concepto burlón sin expresión en el mundo externo. Aunque Méndez no lo dice abiertamente, alude al hecho de que existe una especie de organización clandestina que ha hecho del mendigar infantil una «infame industria». Los integrantes de tal organización se autodeclaran dueños de los lugares públicos para así cobrar, a los que mendigan dentro de sus territorios, parte del dinero que logran reunir. Son del tipo cobarde que se valen de la fuerza bruta para subyugar a los más débiles, mientras que se vuelven sumisos ante los más poderosos. Terminan, al fin, por ser más parásitos que sus propias víctimas. Este aspecto de la Madre Terrible, que aquí analizamos desde el punto de vista arquetípico, se puede vincular fácilmente a otra aproximación de crítica literaria, la socio-histórico marxista.

La Madre Terrible se ha servido ahora de dos de sus representantes: los explotadores y las enfermedades. No los dirige solamente contra los niños, sino también contra las prostitutas. Ellas no pueden liberarse de las enfermedades venéreas que acompañan a su profesión denigrante. La explotación que sufren no viene sólo de los clientes, sino también, y sobre todo, de los patronas. Como mercancía barata, unos las compran y otros las venden. A pesar de ser víctimas de los más astutos y poderosos, la función de la prostituta en la novela se desdobla en dos. La primera es la que acabamos de apuntar, la de ser víctima; pero, a su vez, ella se convierte en trampa al ofrecer servicios dañinos a sus víctimas. Claramente se ve que ella se hace doble instrumento de la Madre Terrible, que pide sacrificios humanos para saciar su hambre, sin importarle el sexo de sus víctimas. La sífilis y la gonorrea, enfermedades venéreas, son enemigas tanto de la prostituta come del cliente. De esta manera, ambos quedan bajo el control de la Madre Terrible, sin necesidad de que haya más esfuerzo por su parte. Explotadores, prostitutas y enfermedades, todos juntos constituyen parte del ejército a su disposición.

No obstante lo que acabamos de decir, los verdaderos emisarios de la Madre Terrible son los ricos. Este grupo tiene el privilegio de ocupar los sitios más cercanos a la Madre Terrible en el orden jerárquico. En sus manos radica todo el poderío y dinero que les permite mantener el *status quo*. A primera vista, esto no parece tener fundamento, pero al examinar más detenidamente el espacio en el cual ellos se mueven, o sea, la clase alta, nos damos cuenta de que todo está en función de sus propias directrices, y ellos, a su vez, en función de la Madre Terrible. Como sacerdotes de una diosa mitológica, sacrifican a sus semejantes para aplacar la ira de ella. Cuantas más víctimas puedan ofrendarle, más satisfecha queda ella. Desde sus altos puestos manipulan el medio ambiente a su antojo, convirtiendo tanto a cómplices como a inocentes en monigotes de sus obras, permaneciendo ellos protegidos por capas de subordinados. Se apoyan en la ley de la oferta y la demanda para difundir el vicio y el crimen. Sin esta ley no se puede hacer nada, ya que ayuda a justificar que el producto o servicio que el público pide esté a su alcance. Sumergen a todos en el fango, sin ensuciar en la apariencia sus propias manos. Es más, a nadie se le ocurriría volver la vista hacia ellos, pues se esconden tras fachadas de hombres de bien. Este punto vuelve a ser tratado ampliamente en otra obra de Miguel Méndez: *Los criaderos humanos*.

En el grupo antes mencionado encontramos a los Dávalos de Cocuch, matrimonio mexicano que se hace millonario por medio del negocio de la prostitución. El señor Dávalos usa a su esposa como «gancho, acostándola con prominentes para obtener ascensos» (15), además de que él emplea un sistema que no le falla para poder triunfar: «consistía en ser servil con los más poderosos hasta el grado de arrastrarse babosiento y besar los pies de sus superiores» (89). Y, frente a los débiles, la Madre Terrible se torna «cruel y déspota». Como si esto no fuera suficiente, se regocija en perjudicarlos.

El juez Rudolph Smith es otro ejemplo que cae dentro de este grupo. Es la rectitud ambulante y el prototipo del superamericano que encarna estereotípicamente todo lo que un juez no debe ser: elitista y racista. Por desgracia, al Buen Chuco le toca comparecer ante él, por haber robado cuatro botellas de vino. El juez lo sentencia a cuatro años de prisión por su delito: un año por cada botella. En cambio, cierta muchacha anglosajona de la clase alta y estudiante universitaria, que comete el desliz de quedar embarazada, y después de haber estrangulado a su hijita, el juez le otorga la libertad, razonando y justificando que la chica ya había sufrido mucho, y que la cárcel desprestigiaría mucho a su familia de bien. No cabe duda que la justicia en manos del juez Smith es una mera pantomima. A pesar de su educación profesional, sus valores personales y culturales lo traicionan, impidiéndole la objetividad. Más importante todavía es que el veredicto resulta doblemente perjudicial, por las repercusiones que tiene sobre un sector grande de la población, dado que el triunfo espiritual y moral también es una cosa que elude a la pobre.

Otro caso parecido al del juez Smith, se plasma en la figura del personaje conocido como la Abuela de Tony Baby. Con la diferencia que representa al «pequeño negocio» femenino, formando parte en la fila de los explotadores. Se las arregla para hacerse dueña de una cadena de restaurantes de «chili dogs». Esto lo lleva a cabo con la ayuda de mano de obra «ilegal». La «ruca mañosa» los atrae a su negocio y hasta les llama cariñosamente «mojaditos», pagándoles muy poco, y a veces entregándolos a la «Migra» para despedirlos sin pagarles nada. Cuando muere, deja el negocio a su nieto, Tony Baby. Se entrega éste a la vida nocturna del otro lado de la frontera para disfrutar de su herencia, maltratando vilmente a las prostitutas, aprovechándose de su superioridad física y de su condición de adinerado. Por pertenecer a la clase media alta y acomodada, los privilegiados hacen un contraste cruel con los débiles y desafortunados de la clase pobre. Se valen del poder para influir, controlar y manipular. De este modo contribuyen al mundo caótico de la Madre Terrible, donde todo es una pesadilla continua.

    La pesadilla degenera en caos. Este fenómeno ocurre sobre todo a la caída del sol. Una vez llegada la noche, se pone en marcha la maquinaria de la ciudad, anunciando el comienzo de las actividades que conducirán a otro aspecto de la tragedia humana. La luz y el medio ambiente diurnos vienen a ser reemplazados por «las luces de neón» y «un pulso muy acelerado». Las dos cosas nos indican que la Madre Terrible no está lejos. Pero hay pruebas todavía más convincentes de su presencia invisible. Las luces artificiales, por ejemplo, tienen el efecto de una «fiebre contagiosa», mientras que miles de ojos reflejan «el alcohol y la lujuria». Los hombres se vuelven «bestias en brama» buscando «orgía». Los carros que invaden las calles se equiparan a «gusanos hambrientos», y su ruido a «alaridos de viejas histéricas». Como un cuadro surrealista, la realidad del día queda relegada al olvido para cederle paso a la confusión del momento nocturno. Ahora es imposible distinguir «el oro» de «la pus» y «el dinero» de «la mierda». Los opuestos, al mezclarse, pierden sus fuerzas respectivas. Rico y pobre, explotador y víctima, se miran cara a cara sabiendo que la ciudad/Madre Terrible los devorará a todos por igual.

    A diferencia del día, la noche--y por extensión todo tipo de oscuridad-- encierra un misterio que el ser humano no puede entender, y menos aún explicar. La doble realidad física del día y de la noche corresponde a otra doble realidad: la psicológica del consciente y la del inconsciente. A través de la primera, el hombre ha podido desenredar y ordenar lógicamente todo lo que ocurre a la luz del día; la segunda, a la inversa, se escapa a todo tipo de análisis, por ocurrir durante la oscuridad. Esta desorienta, provoca miedo y tiene un efecto mágico sobre el individuo. A causa de esto, se convierte en el símbolo del caos y del aspecto negativo del Arquetipo Femenino. La Madre Terrible es la Reina de la noche, y su presencia permea todo el ambiente. Sin embargo, ella guarda su distancia hasta el momento apropiado. Entre tanto, hace uso de la noche y del misterio, ambos aliados naturales, para defraudar a sus víctimas por medio de visiones, sueños y recuerdos de antaño. Dichos recursos debilitan espiritualmente, ya que están relacionados con la psique. A continuación señalamos los personajes que más se aferran a las ilusiones que la Madre Terrible les inventa para hacerles sucumbir.

Los «peregrinos» de Aztlán, a pesar de poder ejercer un control mínimo sobre la situación que los rodea, tratan de evitar a la Madre Terrible. El elemento onírico entra en juego como forma de olvido y engaño. Sobre todo para Loreto Maldonado, que tiene no menos de diez sueños, en los cuales ve situaciones que coinciden con su realidad. El recorre las calles de la ciudad lavando y cuidando carros para mantenerse a salvo del hambre crónica/ Madre Terrible. Al pasar frente a los edificios, ve su imagen en los ventanales. Se imagina ser «el joven brioso, terrible guerrillero» de años atrás. En otra visión se encuentra de nuevo enfrente de los cristales para volver «a mirarse con la piel lisa, brillantes los rótulos; los músculos de resorte, capaces de impulsarlo a donde le diera la gana; desde su elástica juventud la mirada remota de muchas ancianidades» (33). En realidad, el yaqui Loreto «apenas tenía dos colmillos» y su rostro era «renegrido y arrugado». Por último, se sueña bien vestido, adinerado y caritativo con los niños pobres que le disputan el territorio donde él suele lavar carros. Al despertar de sus sueños se da cuenta que alguien se ha mofado de él, trocando «lo que pudo ser sublime en algo disparatado».

El Poeta y el Filósofo, personajes rivales en la novela, al igual que el anciano Loreto, se dejan engañar brevemente por la Madre Terrible, al transportarse al pasado. Entrada la noche, se encuentran en uno de los tantos bares de la ciudad, rodeados por «arroyos de música, ríos de tequila, despeñaderos de risas impúdicas, lodazales podridos de palabras puercas, toda la desvergüenza flotando en esta atmósfera nublada de gasolina» (148). Ambos vienen huyendo de una vida estúpida y un futuro sin gloria. Derrotados y desilusionados, sin saber claramente cuál de los dos habla, el uno le pide al otro desesperadamente que le cuente algo «hermoso». Con el fin de salvarse a los dos de la muerte espiritual, uno le habla al otro de su niñez, etapa de la inocencia y de la felicidad. Le cuenta que él y sus hermanitos, aunque vivían en el desierto, tenían un amiguito adorado. Este amiguito era un «arroyito» que bajaba desde una lomita hasta la casa donde ellos vivían. A base de los recuerdos, ellos se van trazando una realidad inexistente, ya que en el mundo abstracto de la ideas y de los ensueños todo es posible. Sin embargo, la breve apariencia de la figura de la Madre Buena en los recuerdos y ensueños se esfuma rápidamente al volver al mundo real de la Madre Terrible que los circunda. Más tarde, los halla la madrugada defraudados, extenuados y de nuevo rivales. La Madre Terrible, usando la cualidad positiva de la Madre Buena por unos momentos, les ha permitido una ilusión pasajera para sucumbirlos en una mayor desilusión.

Otro peregrino, que también sufre engaño y fraude a causa de la Madre Terrible, se le conoce simplemente por el nombre de El Vate. Su suerte no es diferente. Las ilusiones lo han abandonado completamente y la muerte física lo espera esa misma noche. Pero, antes de morir, se mete, por descuido del portero, en un prostíbulo de lujo, del cual pronto lo sacan a patadas. Después de este incidente, queda sin fuerzas. Pasa por delante de la mansión de los Dávalos de Cocuch. Por la ventana ve al señor Cocuch vestido elegantemente y a su señora cubierta de joyas y tocando al piano música clásica. De pronto la escena se deforma. El señor ríe frenéticamente, revolcándose en un charco de «vómito y sangre». Su esposa golpea las teclas con «manos descarnadas». De los orificios de los cónyuges emanan gusanos. El Vate se aleja de este cuadro esperpéntico para contemplar la ciudad desde una loma. La ciudad ha crecido inmensamente, todavía zumbando con gente y bullicio, brillando de luces su corazón. En esto se le aparece un niño, indicio de que la Madre Terrible anda cerca para echarle la red. El niño le dice que viene del «lucerío», y le entrega de regalo un ataúd. El Vate se reconoce en el niño. Trata de abrazarlo, y éste se le esfuma. Se oye una explosión y rompe la alborada. Exactamente en este período de transición, cuando no es ni de día ni de noche, y el ser humano se encuentra en la etapa psicológica más débil, el Vate se suicida, arrojándose a unas piedras de la cañada que «lucían» como «senos maternales». Lo que en otra época le proporcionaba vida, ahora le ocasionará la muerte. Irónicamente, la Madre Terrible le permite al Vate una última ilusión en la muerte, puesto que, antes de morir, su alma ya no albergaba tal esperanza ni ilusión.

Debemos señalar que la imagen de la Gran Madre es, en términos modernos, un aspecto psicológico, cuyas raíces se remontan a la época prehistórica, extendiéndose hasta la actual. Se trata de una figura universal, y de un arquetipo derivado del inconsciente colectivo. Un solo individuo puede generar una multitud de expresiones variables de dicho arquetipo. Debido a que estas imágenes emanan de la psique, tienen una cualidad muy personal. Pero, al mismo tiempo, también manifiestan una dimensión universal, ya que la experiencia humana es básicamente semejante en todas las partes del mundo. Este aspecto universal del arquetipo da relieve al conflicto continuo en el cual se halla el hombre, a causa de las fuerzas hostiles del medio ambiente que lo rodea. Ya hemos visto que Méndez se vale del concepto psicológico que acabamos de mencionar y lo eleva al nivel literario por medio de la alegoría. Ahora bien, que él haya elegido, consciente o inconscientemente, comparar la ciudad / sociedad con el Arquetipo Femenino se hace más comprensible al darnos cuenta de la importancia de la figura de la madre con respecto al individuo, pues es un hecho indiscutible que la madre es lo primero que el ser humano experimenta antes y en el momento de llegar al mundo. Ella es la materia prima, la protectora, la alimentadora y la fuente de transformación y regeneración. A pesar de todo esto, Méndez no nos da a conocer visiones de la Madre Buena que protege, sino de la Madre Terrible que desconsuela y destruye. Su víctima resulta ser el mismo chicano/espalda-mojada/indio yaqui. O sea, el pobre y el oprimido.

    Esta perspectiva negativa de la madre distingue a Méndez de los otros escritores chicanos que, en general, escriben positivamente acerca de la madre. ¿Cómo se explica, entonces, que Méndez, siendo chicano, se aparte de sus colegas de esta manera? Esto parece ser una contradicción muy grande. Sin embargo, no lo es. Los escritores chicanos, por lo general, hablan de la madre de carne y hueso, y de su función social dentro de la familia. Tanto Méndez como los otros autores escriben sobre la madre dulce y abnegada, explotada y oprimida por el sistema socioeconómico, el machismo y otros factores, algunos de ellos estereotipados. Pero él no hace hincapié aquí en la madre personal, sino que se va al nivel impersonal, para hablarnos de otra madre: la arquetípica. En este caso, la madre arquetípica se oculta tras los valores de la supraestructura, conocida bajo la etiqueta de sociedad. Esta, a su vez, se convierte en la Madre Terrible, símbolo de los poderes políticos y económicos que mueven la infraestructura opresiva. En vista de esto, las visiones arquetípicas de Méndez no podían ser menos que negativas.

El desierto y los peregrinos en
Peregrinos de Aztlán[6]

Son muchos («cientos de miles») los peregrinos que vienen cruzando el desierto. El móvil que los trae a Estados Unidos es el hambre insoportable, y su meta es dar con la ciudad fronteriza a todo trance. Por razones obvias, el autor ha dedicado bastante tiempo y espacio al desarrollo de ciertos personajes, como Lorenzo Linares y El Vate. Los dos emprenden la caminata bajo el mismo imperativo. Sobre todo Lorenzo Linares, ya que la vida de El Vate es más misteriosa y su función en la novela es más compleja, como veremos más adelante. Ellos se distinguen de los demás personajes por ser poetas. Claro que la diferencia entre los dos implica otro modo de pensar y hablar fuera del alcance del resto de los peregrinos. Sin embargo, también hay una serie de personajes anónimos, cuyas situaciones individuales se nos dan a conocer, aunque sólo sea en forma superficial. Aún más, esta información mínima que se nos ofrece, y que se repite como una especie de estribillo, recalca el sufrimiento físico y psicológico y la necesidad apremiante que los hace abandonar el terruño natal.

De dichos personajes anónimos podemos identificar tres grupos: los de nombre de pila, los que llevan apodo y los que carecen de todo apelativo personal y que, por tanto, se conocen sólo por términos genéricos e impersonales como «compadre», «cuatecito», «mano», «compañero», «valecito» y otros derivados. Ellos cuentan sus desventuras, que son un tanto similares, esperando a que otros se beneficien de ellas o, simplemente, por platicar y darse ánimo los unos a los otros. El resultado de estas narraciones cortas que se oyen de día y de noche en el trasfondo del desierto es una técnica maravillosa, porque le aportan vitalidad y cohesión a la trama. Puesto que hemos entrado en el escenario del desierto, nos conviene examinar más de cerca a estos personajes y situaciones impersonales, que aparentan ser superficiales, para mostrar de este modo cómo el desierto/Madre Terrible, que cuenta con la cooperación incondicional del sol —»... el poder inmenso del desierto que tiene de comandante al sol» (91)— va devorando a cuanta persona intenta cruzar sus arenales. Y para ello hay que explicar qué es lo que les ocurre a algunos peregrinos, cómo ven ellos el desierto, cómo el narrador omnisciente, a través del léxico y de la metáfora, nos describe al desierto/Madre Terrible y cómo la ilusión de superarse, a pesar de tanto obstáculo, los obliga a mantenerse tenaces en el trayecto.

En una primera anécdota se mezcla la tragedia y el humor respecto a dos personajes anónimos. Uno parece ser neófito en cuestiones del desierto y, el otro, veterano avezado, no en el sentido cronológico necesariamente, sino que él ya ha hecho el viaje más de una vez y no precisamente en «coche». Este último viene alentando moralmente al novato y, al mismo tiempo, casi cargando con él a cuestas. Por medio del diálogo que ellos sostienen, nos enteramos de varias cosas que merecen nuestra atención, como, por ejemplo, el léxico que se emplea para describir el ambiente; la correlación íntima entre el léxico y el sufrimiento físico, y el tema de la ilusión y el lenguaje. Todo se aúna para formar una totalidad coherente. Yendo por partes, empecemos con los vocablos que la árida explanada les inspira.

Hay, por lo menos, doce verbos y otros tantos sustantivos en un espacio de dos páginas que están relacionados con el fuego que el sol lanza sobre el desierto. Así tenemos «comal ardiendo», «lumbre», «hervor», «llamaradas», «tatemar», «tostar» y «brasas». El conjunto de estas palabras da la impresión de como si se estuviera preparando algo al horno. De hecho, algo parecido está ocurriendo. A base de este vocabulario, el sol los viene calcinando literalmente, para que el desierto/Madre Terrible se alimente de sus «hijos». Por tanto, el cuerpo recibe todo el maltrato. Los pies, que se mencionan cuatro veces, llegan a experimentar lo que es un «comal ardiendo» y lo que son «llamaradas»; los ojos, de lo que es un «hervor»; las partes genitales, de lo que son «brasas», y el alma, de lo que son «tatemar» y «tostar».

Al lado de la quemazón corporal se incorpora la espiritual, es decir, el móvil personal que los trae a Estados Unidos. Sabemos que uno de los «cuates» ha dejado a la familia con hambre y sin medicamentos, porque el otro se lo recuerda al escucharle y al verle flaquear. También expresan deseos de comprar ropa, especialmente zapatos, y hasta de poder educar a sus «escuincles». No hay duda de que se creen que acuden a la Madre Buena/ Estados Unidos, que les permitirá mejorar la situación económica que dejaron en México. Entre tanto, el desierto/Madre Terrible les viene tendiendo la trampa antes de tener la oportunidad de alcanzar la frontera. Hasta parece establecerse una correspondencia entre los rayos del sol y la fabricación de la ilusión; cuanto más fuertes se hacen aquéllos, más efervescente es ésta. Cada uno obcecado por triunfar. Por el momento, el arquetipo y uno de los personajes reales de carne y hueso quedan equiparados. El desierto/Madre Terrible vence al novato y el veterano se le escapa hasta otra ocasión. Básicamente, aunque la conclusión del breve relato es patética, no se suprime del todo la jocosidad, puesto que ésta se trasluce a través de la tragedia. Esta observación se funda en algo concreto. Ese algo concreto es el elemento lingüístico que el autor adapta con suma maestría a lo que las circunstancias exigen. Los compañeros son de la clase baja y usan un vocabulario limitado y salpicado de palabrotas y expresiones populares que provocan risa. No obstante la gravedad en que se encuentran, el tono de la lectura resulta leve e irónico, sin restarle realismo al episodio.

Otra historieta, un tanto parecida a la que se acaba de comentar en lo que respecta a la tragedia, describe la vida de un personaje conocido por el extraño sobrenombre de Ramagacha. En seguida nos damos cuenta que él es diferente de los otros caminantes, por su edad avanzada. Cuenta con más de sesenta años, lo cual constituye una gran desventaja en la «peregrinación». El primer requisito para cruzar el desierto inclemente es la fortaleza o resistencia física, aunque ésta en sí no necesariamente garantiza la sobrevivencia, como acabamos de ver en el caso de los dos «cuates». Una voz desconocida, en otro pasaje, nos revela que los dos eran casi «chamaquitos». Pese a este factor positivo, uno de ellos perece. Ramagacha se distingue de los otros peregrinos no sólo por sus muchos años, sino también porque no tiene familia propia. ¿Por qué, nos preguntamos, se atreve a cruzar el desierto y qué es lo que lo lleva a los Estados Unidos en su vejez? Lo mismo que los demás, se expone a los peligros del desierto/Madre Terrible por motivos personales y familiares. Específicamente, quiere rescatar a dos sobrinos suyos, los únicos sobrevivientes de toda una genealogía condenada a la pobreza permanente y a la muerte. Ya no es un caso de ilusión/sueño o de educarlos o mejorar la situación económica. Se trata de «salvarles la vida»; la mera existencia biológica.

Ramagacha, «el hombre de tierra», es demasiado realista para dejarse llevar por la imaginación. Si acaso alguna vez albergaba alguna idea remotamente irreal, tal cosa se esfuma ahora al ver la vasta y reseca superficie que reta a todo caminante. En vez de sentir amargura o de acobardarse, sonríe dulcemente, lo que indica que ya está acostumbrado a los sinsabores que la vida le ha prodigado. Además, no es su primer contacto con la «tierra avara». Después de la Revolución, y la concomitante reforma agraria, a los campesinos como él les tocó la tierra «más mala y sin agua». De tanto laborar en los campos y trabajar la tierra, él ha adquirido las características de la misma. De hecho, su mismo nombre se asocia con el leitmotif de la tierra cada vez que se menciona en la novela. Su apodo significa literalmente una «rama agachada» o una pala que se arrastra como el arado sobre la tierra. El autor lo describe como «el viejo de piel terregosa» y «don Ramagacha, pura tierra; hasta cuando se reía parecía arado quebrando milpa terrenuda» (65), y, cuando muere uno de los peregrinos en el trayecto, Ramagacha reza sobre su tumba: «todos somos tierra... tierra».

Más tarde, incluso su propia muerte sirve de anécdota para los compañeros. El fallecimiento de Ramagacha acaba por ser un proceso sumamente lento. La Madre Terrible no tuvo misericordia del viejo. Primero lo desgastan los campos en su terruño natal; luego, la travesía repetida a pie, lo exprime aún más y, finalmente, el ambiente desértico del suroeste de Estados Unidos --donde se ve forzado a competir en el campo con todos los trabajadores más jóvenes que él para que no lo despidan-- lo dejan sin vida. En resumidas cuentas, su apego a la tierra y el rastreo por ella no conmovió a nadie. Parece irónico que el viejo Ramagacha no hubiera sucumbido durante la caminata, como se supondría, a causa de su edad. Sin embargo, no es tan irónico como parece a primera vista. La muerte, provocada por la insolación, ocurre en los campos agrícolas yumenses, que no son más que meras extensiones del desierto/Madre Terrible. Este, a su vez, viene a ser «onomatopeya de los infiernos».

La elevada metáfora, de la cual nos hemos valido para cerrar el párrafo anterior sobre Ramagacha, emana de los labios de un personaje que ya conocemos, y cuyo nombre sale a relucir de nuevo: El Vate. Poeta éste entre la muchedumbre de analfabetos. Como habíamos dicho anteriormente, la vida de El Vate representa un verdadero misterio. Salvo su sensibilidad poética y los pormenores de su muerte, no se nos proporcionan datos en cuanto a su historia personal. No sabemos si es casado o soltero. Nunca se hace mención de su familia. Si tiene problemas fuera de lo común, tampoco lo llegamos a saber. Ni siquiera se le asigna un nombre propio. Paradójicamente, el papel que desempeña es segundo en importancia al de Loreto Maldonado, que viene a ser el eje principal de la novela. Dicho sea de paso, las vidas de los dos personajes principales jamás se cruzan. La importancia de El Vate reside en su perspectiva del desierto, y no en sus propios antecedentes particulares.

El llama la atención por el fuerte contraste que hacen sus comentarios si se comparan a los rudos --si bien provistos de cierto ingenio-- de los demás peregrinos. Si no fuera por las observaciones de El Vate, que a veces se confunden con las del narrador omnisciente, el lector perdería un caudal de agudas metáforas que refuerzan lo que los viajeros vienen diciendo con respecto al desierto. Pero ahora el nivel de descripción es sumamente más sofisticado y poderoso. En estos pasajes, que se encuentran en las primeras dos partes de la novela, nos percatamos del porqué de la tristeza y melancolía crónicas que acosan a El Vate. Los peregrinos intuyen la presencia de la Madre Terrible. Tienen la extraña sensación, sin poder precisarla y articularla con exactitud, que una fuerza superior a ellos manipula sus destinos. El Vate, empero, no sospecha, sino que sabe a ciencia cierta que la imagen de la Madre Terrible los rodea y se apodera de ellos psicológica y biológicamente. Por un lado, la Madre Terrible usa del desierto para achicharrar y aniquilar a sus «hijos» y, por otra, la ciudad/Madre Terrible, transformada en sirena/hechicera, llama a los incautos y alucinados peregrinos que se filtran de México para atraparlos en la ciudad fronteriza. La Madre Terrible es omnipresente y omnipotente. No hay escape. De aquí, la perpetua tortura psicológica de El Vate.

Arriba aludíamos al narrador omnisciente, cuyas narraciones se asemejan a las de El Vate en tono y contenido. En realidad, sus papeles respectivos se funden de tal modo, como en el caso del binomio El Vate/Lorenzo Linares, que parece que el uno es el alter-ego del otro. En otros términos, estamos ante otro desdoblamiento y, por eso, ya narra El Vate, ya el autor/narrador omnisciente en un mismo párrafo. Luego desaparecen los dos para surgir de nuevo en diferentes lugares del texto con títulos impersonales como, por ejemplo, El Poeta y El Filósofo. Lo que es más, bajo estos nombres genéricos, El Poeta y El Filósofo tienen un altercado en un bar de la ciudad. Acusándose y exigiéndose cuentas mutuamente, las rencillas se esfuman al verse y reconocerse el uno en el otro. El Poeta es El Filósofo, y a la inversa, y están en pugna entre sí. Dicho de otro modo, El Vate se equipara a El Filósofo, a El Poeta, al autor omnisciente, a El Vate, es El Vate. Mediante esta prolongada ecuación, que se reduce a un personaje reductible, nos vienen los pensamientos y expresiones lingüísticas más elevadas de toda la prosa mendeciana con respecto al ambiente en que habita la Madre Terrible. Si bien es verdad que Ramagacha es el «hombre de tierra», El Vate representa al «hombre pensador». Todo su comportamiento lo confirma. Capaz de generar ideas profundas y dotado de una emotividad extraordinaria, El Vate, en cierto modo, es el único peregrino que no sucumbe directamente a manos de la

Madre Terrible. Al contrario, su espíritu introspectivo le impele a entregarle voluntariamente su propia vida por medio del suicidio.

Dejando de lado las observaciones preliminares sobre el carácter de El Vate, ubiquémonos otra vez en el escenario del desierto con él y su alter-ego. ¿Qué es lo que El Vate/narrador omnisciente ve en el inmenso páramo? Todo lo que los demás no pueden ver y, aún menos, explicar--con la excepción de Lorenzo Linares antes de morir. La perspectiva de Lorenzo, empero, está en plena oposición a la de su íntimo amigo. Lorenzo, recordemos, se enamora del desierto, gracias a la luna. En cambio, El Vate/narrador omnisciente no se deja encandilar por los trucos que la Madre Terrible emplea para aumentar las cifras de sus víctimas. Sabe que la Madre Terrible se vale del tiempo (diurno/nocturno), del espacio (suelo/desierto), de los astros (sol/estrellas/luna), de los elementos (fuego/aire/tierra) y de todo lo que pueda. Todo está de su parte. Con la colaboración de tanto subalterno, la Madre Terrible juega con las mentes de los peregrinos. Los trastorna, les toma el pelo, los engaña y, finalmente, los aniquila. A continuación trataremos de comprobar estas afirmaciones escudriñando los pasajes en los cuales se vislumbra la acopladura psicológica de El Vate/narrador omnisciente y Lorenzo Linares.

Aunque hay pocos pasajes, éstos son extensos y están tupidos de descripciones referentes a la omnipresente Madre Terrible. Aquí la vemos en su dimensión negativa más extrema. Toda especie de vida que mora o pisa en sus confines limítrofes se halla en continuo combate mortal con el desierto/Madre Terrible. Esta vez El Vate/narrador omnisciente nos comunica, mediante su raciocinio, lo que experimenta el caminante en una forma muy sintetizada o amazacotada y desprovista de toda comicidad. Con esto queremos decir que no hay diálogo entre los peregrinos, y que los pensamientos de El Vate/narrador omnisciente fluyen libremente. Ahora el sufrimiento va más allá del martirio corporal. Se nos presenta al hombre agónico, hecho cenizas, «... sus pieles ardidas, heridas de polvo y de sol. Los labios parecían trozos de carbón untados de cenizas» (61) y, al borde de la muerte, «... sólo sus sombras cansadas [iban] arrastrándose en la arena caliente» (61). La sombra/negrura de la Madre Terrible los acompaña a cada paso. Pertenecen más al reino de la ultratumba que al mundo real. Los arenales también contribuyen a la diversión macabra de la Madre Terrible, a base de fingimiento positivo/negativo: «Enganchaban los ojos de la distancia... de alguno de los encantadores lagos que simulaban arena» (61) y «más allá de la lejanía, la ilusión juega con el azul de aguas límpidas» (89), pero «la tierra pálida como amada muerta...

golpea con su espejo preñado de sol al que mire la soledad...» (89). Esta última cita da cabida a otro tema relacionado con el desierto: la soledad.

Según Neumann, y también Jung, la soledad es más perjudicial que el hambre, el desamparo o cualquier otra privación que el individuo pueda encontrar y que esté fuera de su control. El vocablo es sinónimo de «miseria y exilio» (*Mother*), y corresponde a la constelación del arquetipo de la Madre Terrible. La definición va contra lo que él llama *participation mystique* (*Mother* 68), ya que el hombre no nació para vivir aislado de su semejante. De hecho, el precepto hace hincapié en la dependencia psicológica así como biológica del hombre respecto de la humanidad. No obstante su propia individualidad, todo ser humano también forma parte de la colectividad. Lejos de la civilización, y en pleno desierto, El Vate y lo peregrinos luchan para dar con la ciudad y no ser absorbidos por la «enorme soledad».

Los astros, entre tanto, siguen en plan de exterminio tanto de día como de noche. A causa de esto, el tiempo cronológico se suspende y deja de cobrar importancia. La preocupación primordial se reduce a la sobrevivencia, ya que el peregrino queda preso entre la tierra/suelo desértico y uno de los dos astros que se alternan para cubrir las veinticuatro horas del día. El sol/día, manifestando máxima hostilidad, desaparece y les permite un breve reposo para volver de nuevo: «Se ocultó el astro infernal dejando la promesa de volver más furioso». Ciertos vocablos que El Vate/narrador omnisciente utiliza, como «enemigo celeste» y «tregua», indican que el sol está abiertamente en guerra con el peregrino. Luego llega la noche/luna que es más sutil en su manera de castigar, aunque no por esto menos peligrosa, y los acaricia con «la ternura de una madre negra». Creyendo que es la Madre Buena, los cuatro integrantes del único grupo, cuyos miembros se pueden identificar--los demás se sumergen en el anonimato--dirigen sus oraciones hacia el cielo.

Pero se han equivocado. No le rezan a la Madre Buena, sino a la «Diosa»/Madre Terrible que, desde la cúspide de su templo cósmico, los espía: «un sinfín de ojos brillaban... por la oscura tela» (62). Los ha escogido para que formen el reparto del siguiente drama, del cual ella es la directora. A través de las cortinas/»telones nocturnos», les viene dirigiendo sus vidas/papeles desde hace mucho tiempo. Ahora los coloca en «la antesala de algo grandioso», es decir, de un cementerio gigantesco, para representar la pieza dramática o la farsa, cuyo fin ya intuyen: «sólo silencio y arena... donde no hay almas que rezan». La Madre Terrible se burla de ellos sabiendo que los actores/peregrinos no podrán competir con el protagonista/desierto. Ellos, a su vez, sabiéndose pequeños al lado del desierto, «Se sintieron sobrecogidos, humillados ante un desierto que no tolera nada. ¡Nada!» (63). A su debido tiempo, todos los miembros del grupo perecerán en el desierto o cerca de él, salvo Pedro Sotolín, a quien «otro negocio»--el de vengar la venta de su hermana, la prostituta Malquerida--lo lleva a enfrentarse con la ciudad/Madre Terrible. Pero lo más significativo aquí es que el tiempo/noche se ha aliado al espacio/desierto haciendo un bloque inmutable para que sucumba el peregrino.

    No es ésta la única ocasión en que la Madre Terrible se metamorfosea. Hay otro párrafo, el más corto y compacto de todos, que merece atención por el número de veces que la Madre Terrible cambia de máscara, según las visiones que, bajo el encantamiento de los arenales, se apoderan de Lorenzo Linares. Por tanto, el binomio se extiende a trinomio brevemente, mientras la psicología de Lorenzo Linares se acopla a la de El Vate/narrador omnisciente. La combinación de las tres mentes produce una mezcla de comentarios objetivos/subjetivos así como positivos/negativos. El autor omnisciente se fuerza por ser objetivo e imparcial en lo que respecta a la emotividad. Cuenta tanto lo bueno como lo malo, sin prejuicios. Lorenzo Linares es subjetivo y se inclina más hacia lo positivo que lo negativo. Sin su optimismo no se podrían explicar las presencias fugaces que hace la Madre Buena. ¿O estará desvariando? Las visiones subjetivas/negativas sabemos que pertenecen a El Vate. Los dos se limitan puramente al desierto, haciendo caso omiso del peregrino/víctima.

    Desgraciadamente no se encuentran pasajes tan claros para el desierto como los que hemos señalado para la ciudad, lo que constituye para nuestro propósito un cierto desbalance, ya que son verdaderamente singulares por la intensa y convincente emotividad que evocan. Hasta diríamos que la escenografía desértica hizo más mella en la mente del autor que la de la ciudad. Al nivel consciente esto se manifiesta en las cuantiosas alusiones al desierto y, tal vez se, deba al efecto que tiene un ambiente natural (desierto) frente a uno artificial e inhóspito (ciudad). No obstante los avances que la humanidad ha logrado en su evolución histórica a todos los niveles, especialmente el científico y tecnológico, el hombre todavía no puede reproducir la naturaleza. Podrá imitarla, hacer facsímiles, pero no puede recrear, por ejemplo, un bosque, un lago o un desierto. Es un asunto ante el cual queda estupefacto. Quizás, y precisamente por esto, el desierto es imponente y avasallador ante los ojos de Lorenzo Linares y, por extensión, del mismo Méndez, lo cual implica otro fraccionamiento. Hipotéticamente, los desdoblamientos de los personajes podrían continuar *ad infinitum*. Empezando con el niño Chalito, procediendo con los adolescentes Frankie Pérez y Lorenzo Linares, y el joven adulto El Vate, y continuando con el hombre maduro Pánfilo Pérez, para terminar con el viejo Ramagacha. Todos juntos, es decir, sus vidas respectivas, podrían resumirse fácilmente en las diferentes etapas de la vida del protagonista de la novela, el anciano Loreto Maldonado, cuya larga existencia se extiende a más de ocho décadas.

Como indicábamos antes, la Madre Terrible cambia de disfraz varias veces, y esto en un espacio de unas diez líneas de texto. El testigo presencial de las numerosas transformaciones es Lorenzo Linares que se coloca sobre una de las dunas/pechos de la Madre Terrible con el objeto de contemplar el vasto yermo. Como si estuviera ante un caleidoscopio gigantesco, la Madre Terrible le muestra sus innumerables facetas. Lunático e inspirado por lo que ve, de su psique emana una serie de pensamientos/metáforas respecto del desierto/Madre Terrible. En primer lugar la llama «Diosa de la creación desnuda». Esto en sí encierra una paradoja. La creación no puede ser desnuda. «Creación» connota vida y lleva a la plenitud, y «desnudez» denota carencia de vida y conduce a la nada. Lugar inevitable a donde va todo peregrino, porque la Madre Terrible se aferra en despojar sistemáticamente de vida a todo o todos los que participan de la misma. Ella, entonces, es la «Diosa Terrible» y la responsable de dicha desnudez. Luego la compara a una «antesala de mares inexplorados», por carecer del líquido vital. No se explora lo que no tiene agua, y lo que no tiene agua es incapaz de engendrar y sostener vida. Consiguientemente, el desierto/Madre Terrible es un mar disecado y estéril donde perecen sus hijas/»sirenas nostálgicas» y, por analogía, los sueños/ideas que son abortados antes de ver la luz, al igual que sus «hijos» Lorenzo Linares y Ramagacha, quienes sucumben por falta de agua. En tercer lugar, la equipara a un purgatorio o infierno habitado por almas en pena: «Región poblada por voces de muertos», en donde incluso las «presencias etéreas» cantan himnos en «dimensiones secretas», que sólo los que forman parte del cosmos estático pueden entender. Sin embargo, más trascendental es la metáfora «ciudad de las ánimas» por ser totalizadora. En otras palabras, mediante dicha comparación o transposición, el poeta/autor une la ciudad al desierto. Al mismo tiempo, se adelanta al lector al prever que la ciudad verdadera, a donde se lanza el peregrino en busca de proteínas/vida, le ofrecerá el mismo destino negativo.

Por fin, en un plano menos físico y más espiritual, para abarcar las dos dimensiones del ser humano, el desierto/Madre Terrible se metamorfosea en «misterio de la soledad absoluta». Irónicamente, el misterio deja de ser misterio y se convierte en conocimiento. O sea, el peregrino llega no sólo a comprender, sino a experimentar el significado de «soledad» una vez que pisa las arenas del páramo. Es más que un abismo en el que peligra espiritualmente el caminante. Yendo un poco más allá, se podría decir que es el mismo nihilismo, ya que la existencia ni tiene importancia ni hace sentido en la «soledad absoluta». Hasta ahora todos los símiles rayan en lo bello/macabro. Aún más, no se detecta en ellos ni melancolía ni saña. El mundo externo no le provoca repugnancia a Lorenzo Linares. Por esta razón el pasaje se cierra con una nota optimista y se le vislumbra el lado bueno a la Gran Madre cuando Lorenzo Linares, en su frenesí, de repente ve «el cielo alumbrado de palomas blancas que palpitan de amor» (62). Pero la nota optimista es falsa e, inmediatamente después de lo acontecido y «visto», el autor omnisciente nos hace saber la verdad. A estas alturas, las «palomas blancas» ya son parte de otro mundo, así como el mismo Lorenzo Linares y su querido desierto en el que queda petrificado. En suma, todo el cosmos es un «inmenso féretro». La luna «perjura» ha engañado a Lorenzo Linares con su «azogue»/espejismo haciéndole creer en la Madre Buena, cuando en realidad todo es muerte.

Ahora llegamos a lo de El Vate. En lo que probablemente se podría considerar uno de los párrafos más largos de la novela, y que ofrece más continuidad--ocupa dos páginas en total--, el personaje El Vate suelta una retahíla de metáforas, como lo hizo antes su amigo poeta Lorenzo Linares, con la gran diferencia de que las suyas son más numerosas y rotundamente negativas. Jamás hace alusión a la Madre Buena, simplemente porque no existe en el mundo que él conoce. El largo trozo está escrito completamente en letra bastardilla y narrado en tercera persona del plural. Lo primero nos hace pensar que nos hemos adentrado en la parte más íntima de la psique del narrador por tratarse del «fluir de la conciencia». En cuanto a lo segundo, aunque se emplea la forma plural, de dicha pluralidad se destaca una voz, la única que puede trascender y sintetizar las voces anónimas. Esta voz es la del poeta consciente, El Vate. O sea, el autor se vale de este ardid para expresar los males que acaecen a esa masa de gente que viene atravesando el desierto. Lógicamente se supondría que Loreto Maldonado, que lleva a cuestas todo el padecimiento de su gente, desempeñara esta función, pero su bajo nivel de educación y su poder limitado de expresión le impide que él sea el portavoz de las masas.

El Vate no se demora en revelarnos su punto de vista y sus sentimientos en lo que concierne al desierto. El pasaje se abre con unas cuantas líneas imparciales. Es decir, imparciales en el sentido literal y objetivo, porque describen fielmente una realidad externa. Empero, si a esta realidad objetiva se le añade otra dimensión, la realidad interna o subjetividad de El Vate, no puede ser la misma realidad con la que empezamos, sino que viene a ser otra tercera realidad. Esta última es la que nos interesa; el producto de la fusión de las primeras dos y la que nos permite ver el mundo a través de los ojos de El Vate. Consiguientemente, la imagen que se desprende de las antedichas líneas no resulta ser tan inocente como nos creíamos al principio. Todo lo contrario, insinúa que el peregrino se encuentra vencido antes de iniciar la travesía del desierto. Otra vez, el desierto y el firmamento, ambos componentes del cosmos y al servicio de la Madre Terrible, se unen en el horizonte formando una enorme concha/boca/matriz abierta que yace silenciosamente en espera de víctimas: «Allá donde se rompe la unidad del verdor con el color celeste, la tierra pálida...».

Ahora bien, es importante considerar en este momento dos fuerzas completamente opuestas que, psicológicamente hablando, dividen al peregrino, impidiéndole conseguir su meta original. La cita que acabamos de dar alude a esas dos fuerzas implícita y explícitamente. Implícitamente, el hambre de un presente urgente es el móvil que impulsa al peregrino a Estados Unidos. Explícita y antitéticamente, el misterio del desierto también lo llama a explorar lo desconocido. Por un lado, para satisfacer el hambre atroz, tiene que salir de su tierra natal y trabajar en tierras ajenas como un «desgraciado animal» a sabiendas que será maltratado físicamente --éste es un leitmotif que se repite en diferentes lugares del texto mediante voces anónimas-- el peregrino se marcha ya de todos modos. Por otro lado, también oye y percibe el silbido de la Madre Terrible que lo incita e invita a volver a la fuente de origen, aunque claro está que no se da cuenta de ello. La primera es una necesidad biológica/concreta, la segunda psicológica/abstracta y el peregrino queda de por medio entre estas dos fuerzas contradictorias, cada cual exprimiéndole las energías mentales y físicas simultáneamente.

La imparcialidad de El Vate dura poco tiempo, y pronto nos internamos en su psique, micromundo abstracto, donde la realidad objetiva y la subjetiva se van barajando y, a veces, entrelazándose hasta no poder distinguirse entre ambas cosas. Esto se manifiesta de diferentes maneras. No cabe duda, por ejemplo, que El Vate le tiene cólera al desierto. Pero dicha cólera no tiene ningún significado, sin antes señalar que él eleva el páramo a la altura de un personaje real. El vocabulario que se usa indica que se refiere al sexo femenino y, específicamente, a la Madre Terrible. Con una metáfora devastadora, que nos hace recordar a Lorenzo Linares, resume él todo el escenario desértico: «Cadáver de mar disecado». Hace milenios el desierto había sido mar, símbolo por excelencia del inconsciente colectivo y, por supuesto, de la dimensión benéfica de la Gran Madre, lo cual enfatiza la ambivalencia del arquetipo femenino. Esto se explica en que, si bien en una época histórica muy remota el desierto fue mar, ahora, en el presente, lo que fue benéfico se convirtió en esterilidad maléfica, que es el principio femenino negativo de la Gran Madre. El aspecto positivo del arquetipo sale a flote dos veces, pero, como círculos concéntricos, sólo dentro del contexto negativo y, luego, desaparece por completo. Veamos la siguiente cita: «Antes de trasponer sus umbrales lo supimos juguete con el ardor romántico del que aloja en su ilusión...» (90) y «Más allá de la lejanía, la ilusión juega con el azul de aguas límpidas...» (89). En otros términos, como de costumbre, el sueño febril, a la vez fruto de la imaginación del peregrino y truco de la Madre Terrible, viene a producir una realidad inverosímil. La llanura cadavérica no es ni mar ni juguete, como atestiguan la flora y el ser humano, que, por el azar del destino, allí se encuentran.

El folclore en los cuentos fronterizos de Miguel Méndez M.[7]

El propósito de este corto estudio es el de exponer algunos puntos sobre el folclore literario que se encuentra en la colección *Cuentos para niños traviesos* (1979), del conocido autor chicano Miguel Méndez. Más en concreto, podríamos decir que vamos a seleccionar algunos de los elementos folclóricos en su cuentística.

Al pronunciar la palabra «folclore» de inmediato nos viene a la mente la asociación con lo popular, con lo oral y con lo antiguo. Y es muy cierto. Sin embargo, y teniendo en cuenta el elemento tiempo, también hay folclore moderno o contemporáneo. Y tiene que ser así, porque «lo antiguo» del folclore para nosotros hoy día no fue otra cosa que «contemporáneo» para los de antaño. Y, además, en la época moderna nosotros y la gente estamos elaborando folclore para los venideros, quienes, a su vez, juzgarán nuestro folclore actual de antiguo.

Se podría enfocar en el análisis de la cuentística mendeciana un estudio basado en algunas teorías comúnmente aceptadas para la literatura chicana. Por ejemplo, el análisis minucioso de la intertextualidad que hizo don Luis Leal (*La Palabra*, 3, 1981) sobre una media docena de cuentos de Miguel Méndez, basados en el antiguo libro medieval de *Calila y Dimna*. O también podíamos seguir el modelo de José Limón que, a veces, se basa en los estudios de don Américo Paredes, que toman la vena histórica, y, otras veces, basado en el italiano Lombardi-Satriani, que sigue la vena marxista. También podríamos seguir el método morfológico del ruso Vladimir Propp o del americano Alan Dunes. Pero decidimos seguir una aproximación personal.

Podríamos decir en términos generales, y sin correr ningún riesgo, que toda la literatura de Miguel Méndez se lleva a cabo en la frontera méxicoamericana, esa gran franja geográfica que define al noroeste mexicano y al suroeste americano, ubicando los cuentos de acuerdo al marco histórico al que nos referíamos antes, es decir, cuentos ancestrales y cuentos contemporáneos. Entre los primeros, se encuentran: «Aventuras de un religioso que quería salvar un alma», «El burro que murió de amor», «De cómo encontró su fin Ramir Gandar», «Feliciano Afortunado» y «La tortuga y los patos». Como habíamos dicho antes, Miguel Méndez trató de buscar en estos cuentos las raíces lejanas de nuestro folclore hispano peninsular.

(Quisiéramos hacer un paréntesis aquí para anotar una cosa curiosa de naturaleza matemática o de computación: Miguel Méndez habla en su prefacio al libro anteriormente citado de «doce» cuentos, seis de vena antigua y seis de inventiva moderna. En realidad, hemos encontrado trece. No nos sorprende esta equivocación en nuestro amigo, algunas veces despistado).

Puesto que don Luis Leal ya estudió los cuentos de folclore lejano que inspiraron a Méndez, nosotros nos limitaremos a hacer algunas observaciones sobre los de base contemporánea. En una entrevista concedida a Justo S. Alarcón (*La Palabra*, 3, 1981), dijo Méndez que quería dejar de lado por algún tiempo escribir novelas y cuentos de trasfondo trágico para concentrarse en la narrativa corta de tono ligero. Este nuevo enfoque, claro está, es el del folclore. Añadía Méndez que no quería que tanto folclore fronterizo de nuestra gente, mayormente anciana, desapareciera al morir esa misma gente. Creemos que lo está logrando, aunque no completamente, por tratarse de una enorme tarea.

Hemos seleccionado de su libro solamente cinco cuentos del folclore moderno para nuestro ensayo. Los tomamos, como indicamos antes, de la colección *Cuentos para niños traviesos* (1979). Llevan por título «Huachusey», «El tío Mariano», «Mr. Laly», «Ambrosio Ceniza» y «Muerte y nacimiento de Manuel Amarillas».

Como preámbulo, queremos decir que estos cuentos tienen la propiedad dual o binomial de combinar lo trágico con lo cómico. Por ejemplo, «El tío Mariano» es una comedia en la que reímos desde el principio hasta el final. Sin embargo, y, al mismo tiempo, se detecta la ironía trágica. Por otra parte, en «Ambrosio Ceniza» se nota un cargamento trágico con una fina vena cómica.

Una característica común a los cinco cuentos mencionados es, como podría esperarse, el motivo del *viaje*. Este «viaje» ha de entenderse como el proceso no sólo del cruce de la frontera, sino el de la aventura del héroe o antihéroe. Son varios los elementos que integran este concepto: desde el simple y fantástico viaje de turista («idealismo absurdo»), como en el caso de «Huachusey» y «Mr. Laly», hasta el más trágico, realista y degradante, como el de «Ambrosio Ceniza» y «Muerte y nacimiento de Manuel Amarillas». El elemento de la búsqueda del trabajo, es decir, el del hambre como motivo escarnecedor para satisfacer las necesidades más básicas de la vida, es el hilo que hilvana el camino arduo de estos héroes o antihéroes que pertenecen a la escala más baja de la humanidad. Vemos, pues, otro elemento que caracteriza a todos estos cuentos: la infraestructura económica como base de la migración «turística» a través de la frontera.

Y no nos creamos que es solamente el viaje de aquellos desplazados que van a trabajar en la agricultura. Hay otro elemento de esa infraestructura que se ha puesto muy de moda en nuestros días: el de la droga, ya cantada y narrada por un buen número de corridos populares. En nuestro caso, se trata del cuento trágico-cómico de «La muerte y nacimiento de Manuel Amarillas».

Creemos que estas notas señaladas de contexto son suficientes para ver el trasfondo que produce el folclore méxicochicano de hoy día en la gente y por la gente de ambos lados de la frontera. Aquí bebe la inspiración inagotable de nuestro autor Miguel Méndez, gran compilador de la calenturienta inventiva de nuestro pueblo sencillo.

Para comenzar, citemos el breve cuento de «Huachusey». El ignorante Timoteo, personaje central de este cuento, decide, después de dialogar o monologar con su burro, emprender turísticamente un viaje por todo Estados Unidos. Va a Boston, a Nueva York, a Chicago, a San Francisco y, por fin, a San Antonio para volverse, al final del recorrido, a su ejido en Sonora. En todos estos lugares se encuentra con grandes monumentos: el Empire State Building de Nueva York, el Puente Golden Gate de San Francisco, y otros. En todos estos casos siempre pregunta en español por el autor y propietario de estos grandes monumentos. La respuesta se obtiene con otra pregunta lógica: «What did you say?» Nuestro protagonista mexicano la traduce al español como «(Mr.) Huachusey», admirándose de la grandeza de este imponente hombre. Pero en su visita a Chicago vio a muchos muertos a balazos, y cuando preguntó, en español, que quién los había matado, la respuesta fue la acostumbrada pregunta «What did you say?» Timoteo quedó desencantado de la grandeza, poderío y bondad de Mr. Huachusey. En San Antonio vio un funeral y preguntó a una dama enlutada que quién había muerto. La respuesta categórica y consabida fue, «What did you say?» La conclusión que sacó nuestro simpático turista mexicano fue la siguiente: que el gran potentado y, al mismo tiempo, verdugo corre la misma suerte que cualquier otro «pelado». ¡Qué desilusión! El inocente Timoteo despierta de un gran sueño. Este despertar de un sueño fantástico y volver a la realidad cruda es un hecho que ocurre a todo ser humano y, al mismo tiempo, es un elemento de aprendizaje onírico al alcance del pueblo.

    El cuento «Mr. Laly» es una combinación de migrante campesino a base de necesidad monetaria que se cree y quiere pasar por el gran turista. Se trata de uno de tantos mexicanos que vienen a Estados Unidos en busca de la gran fortuna. Una vez ahorrados algunos dólares, se compra un transistor, una cámara fotográfica y unos *shorts*. Vuelve a México mascullando algunas palabras en inglés para impresionar a la gente ignorante, después de haberse «americanizado» durante una corta estadía en la cosecha de la pizca de algodón. La gente sencilla de su pueblo, sin embargo, no se traga la píldora. El «turista» queda desenmascarado y, a fuerza de repetición, el hecho cotidiano histórico se transforma en folclórico.

    Una cosa parecida ocurre con otros tres cuentos. En «El tío Mariano», dos compadres cruzan la frontera en busca de un marrano o «cochi» americano, bien cebado y gordito, para las marranas o «cochinas» mexicanas, demasiado delgaditas. Después de varias peripecias, se roban el marrano gringo y lo cruzan en su pick-up destartalado. Naturalmente, el marrano emborrachado y vestido como un actor de Hollywood, pasa de incógnito la frontera sentado entre los dos compadres, bajo el grandioso título de «tío Mariano». Tanto los anglos como los aduaneros mexicanos quedan burlados al no poder «desenmascarar» de inmediato al tío Mariano («marrano»). La moraleja es obvia: la picardía de la gente sencilla y humilde gana a la astucia de la gente educada y entrenada.

    El cuarto ejemplo sobre el «motivo del viaje» es el cuento que lleva por título «Muerte y nacimiento de Manuel Amarillas». En cuanto al título, podríamos destacar lo siguiente: el nombre «Manuel», que significa «salvador», no es más que una antinomia, pues, queriendo salvarse de su situación de pobreza, resulta que pierde la vida misma. El apellido de «Amarillas» no sería más que una alusión a su cobardía en el sentido de que, para salvarse, se dedica a un negocio ilegal y antihumano, es decir, el de la droga.

    En cuanto a la inversión en el título de «Muerte y nacimiento» nos parece ser una estrategia técnica del autor. Puesto en pocas palabras, se puede decir que, por un lado, es una retrospección o *flashback* y, por otro, indica que ya tenía el sello de la muerte trágica antes de haber nacido. El argumento, en pocas palabras, es el siguiente: Manuel, hijo de doña Remigia la carnavalesca, nació en la pobreza más denigrante. El primogénito de ocho hermanos, puede ser muy bien el prototipo del niño pobre mexicano que, en lugar de ir a la escuela, se ocupa de trabajitos manuales asignados por su madre y la vecindad circundante. Un día se encuentra inocentemente con la posibilidad de distribuir drogas. Pronto se entusiasma con el nuevo empleo a causa de las rentas que le producirán y, sin darse cuenta, se encuentra atrapado por el remolino de la mafia. Su última asignación es la de pasar la mercancía a través de la frontera. En esto consiste su *viaje*: el cruce frecuente de la línea divisoria y prohibida. Un día se le ocurre aprovecharse de la situación, y roba parte de la mercancía. La pequeña mafia se echa sobre él y lo acribilla a balazos. En este caso tenemos el mismo motivo que caracteriza a todos estos cuentos, a saber, el del «viaje». Es diferente al de los demás cuentos, pero el denominador común es el mismo: el de moverse de sur a norte y de norte a sur, a causa de un resorte que afecta a todos por igual: la pobreza y el hambre, efecto de un desbalance económico tremendo causado por la infraestructura capitalista de ambos países.

El quinto y último ejemplo de la colección, mencionado al principio, es el cuento intitulado «Ambrosio Ceniza». El título es también simbólico, como el de todos ellos. El nombre «Ambrosio» puede venir muy bien de la expresión popular «la carabina de Ambrosio», que significa, al referirse a una persona, la banalidad y la poca monta de un ser humano, y «Ceniza» significa el despojo, la nimiedad y el poco valor al que ha llegado ese ser humano. Y así es en realidad: este espalda-mojada, que viene del centro de México para cruzar la frontera, aunque un ser humano digno, es juzgado por la sociedad como un pedazo de escoria, despojándolo así de su integridad humana, a causa de los valores materialistas así como racistas de dicha sociedad y, por consiguiente, considerándolo como objeto laboral, por no decir animal de carga.

Desde el punto de vista del «motivo del viaje», del que nos servimos de premisa en esta elaboración crítica, observamos que el viaje/migración de este representante de la masa humana de los llamados espalda-mojadas, es motivado por el fuerte resorte de la infraestructura económica, en particular, del capitalismo agrario en este país.

El argumento, en breve, es el siguiente: Ambrosio Ceniza, nacido y criado en la región central de México, era hombre casado, que había tenido dos hijos, y que toda su familia se caracterizaba por haber «nacido ya con hambre». Durante su estancia en México, todo su trabajo de campesino no le llegaba ni siquiera para alimentar a su familia. Tanto es así que su esposa dio a luz a «dos escuincles» que fueron segados en su muy temprana edad por la guadaña de la muerte. Su esposa y el mismo Ambrosio no eran más que esqueletos ambulantes. De hecho, su pueblo entero era «un cementerio».

    Para escapar de esta situación macabra y tratar de mejorar un poco la vida, Ambrosio decide emprender el viaje al Norte. Llega a California y, con otros compañeros mexicanos de labor, trabaja unos cuantos días. Silencioso y tácito, Ambrosio es un enigma para todos sus compatriotas. Con el primer cheque de pago va al mercado y compra grandes cantidades de comida. Llegado al campamento abre las cajas y las bolsas, y, como si nunca hubiera comido en su vida, masca a dos carrillos, tragándose una gran cantidad de comestibles. Los concurrentes se admiran de su inaudita voracidad. El resto de la comida sobrante la tira al aire y, con esta acción, da fin a su taciturnidad y echa una perorata dejando asombrados a todos los concurrentes. El tema de su discurso se puede sintetizar diciendo que: «allá en México no habrá comida, pero sí hay una semilla de dignidad en el hombre, y aquí sí hay comida, pero el hombre es reducido al nivel de un perro o un animal». Prefiere, por fin, irse a su pueblo natal a morir de hambre, pero con dignidad, que quedarse aquí de este lado, con el estómago lleno, pero reducido a un objeto de explotación material. En el cuento no se hace énfasis realmente ni en el cruce de la frontera, con todas sus dificultades de travesía, ni en el largo viaje, con sus penalidades, sino que simplemente se enfatizan los dos polos del viaje: el punto de origen y el punto de llegada, para terminar con el retorno al origen.

    En conclusión creemos que bastan estas observaciones generales para ver cómo el autor Miguel Méndez usa la pluma para transcribir y dar forma literaria a estos incidentes de lugar común y tan repetidos por el pueblo. Para resumir, podríamos decir que tanto los cuentos folclóricos de tiempos lejanos como los de tema contemporáneo que integran esta colección, siguen un modelo claro: el del viaje, aunque éste sea de naturaleza distinta, y los motivos y fines sean diferentes para cada uno. La frontera es un vaivén continuo conocido por muchos, y, sobre todo, por la gente pobre y necesitada. Este ajetreo diario es una fuente y mina en donde se aquilatan las vivencias de esa misma gente que las convertirá en corridos, cuentos y leyendas. El hecho histórico de hoy se convertirá en folclore para la gente de mañana. Este fue y es el propósito de nuestro escritor Miguel Méndez en estos cuentos.

Foto cortesía de Estela Portillo-Trambley

IV

Estela Portillo-Trambley

Nunca me consideré una chicana per se, *porque estuve aislada de la cultura chicana. Estuve muy involucrada, especialmente como especialista en literatura inglesa, en la cultura dominante, y en realidad fui una de las primeras hispanas en especializarse en inglés, como compañera de clase de un grupo de* gringos.

No me arrepiento de nada de lo que yo he escrito, porque, mientras lo hacía, creía en ello. De lo que sí me arrepiento es de la falta de artificio, de técnica y de no saber cómo separar la ficción de las ideas.

ENTREVISTA[8]

Lupe Cárdenas (LC)
¿Cuándo y en dónde nació usted?

Estela Portillo-Trambley (EPT)
   Nací en El Paso, Texas. Exactamente, en «El Segundo Barrio». Pero no nos quedamos allí por mucho tiempo. Yo me crie con mis abuelos. Mi abuelo tenía una tienda o mercadito al que le puso el nombre de «El amigo de los pobres». El murió cuando yo tenía seis años. A partir de entonces, mi abuela y yo fuimos a vivir a una parte del pueblo en donde la mayor parte de la gente era «gringa». Eramos algo así como extranjeros en aquella colonia, pero nos gustaba, y muy pronto nos acostumbramos.

LC
Su ambiente familiar, ¿le influyó a que usted se hiciera escritora?

EPT
   De un modo explícito, no. Pero me rodeó un ambiente de fantasía. Tenía entonces una abuela, la que me crio, a quien llamaba «Mamachita», que me narraba cuentos cuando yo me sentaba en sus rodillas o junto a ella. Era como una magia, porque ella comenzaba un cuento y, poco a poco, le iba añadiendo nuevos elementos. A mí me encantaba esta experiencia y, tengo que confesar, que fue una de las experiencias más maravillosas que tuve en mi niñez. Por otro lado, mi madre era una lectora insaciable, y ella me leía poesía. Ella leía autores franceses, como Beaudelaire. También tocaba el piano y componía música. De modo que esta atmósfera me dio y desarrolló un gusto por todo lo artístico, y me di cuenta de que me encantaba. Estas experiencias se convirtieron en parte esencial mía y, de algún modo, descubrí que, en el futuro, me involucraría en la tarea artística.

LC
¿Qué clase de libros leía usted en su niñez y en sus años de formación?

EPT
No hay que perder de vista el hecho de que yo era una «mexicanita» que iba a una escuela «americana». Ya sabía leer bien, porque mi abuela y mi madre se dedicaban mucho a la lectura y me enseñaron a leer antes de que yo fuera a la escuela. En este ambiente de lectura hallé seguridad, porque el mundo que me rodeaba estaba repleto de prejuicios contra todo lo mexicano. Considerando la actitud de los americanos, nosotros no debíamos ser inteligentes. Al contrario, debíamos ser perezosos. En una ocasión, yo estaba sacando las mejores calificaciones de mi clase y fui a ver a mi maestra y le dije que yo también quería ser maestra. Era mi profesora de inglés. Todavía me acuerdo de su nombre. Se llamaba Mrs. Simms, y yo la veneraba porque, cuando leía, lo hacía divinamente. Le dije: «Me gustaría ser maestra como usted». También yo sabía que ella me quería, porque yo era buena estudiante, pero ella me miró fijamente y me dijo: «Oh, querida mía, ustedes no van al colegio. Ustedes no pueden llegar a ser maestros». Y, para decir la verdad, en ese tiempo no había maestros hispanos en las escuelas. Todos eran «americanos». Y entonces me di cuenta de que, aunque había maestros y maestras buenos y que nos alagaban, en realidad también tenían una actitud de condescendencia con nosotros. Y, precisamente y a causa de esto, yo encontraba refugio en la lectura. Algo me ocurría psicológicamente porque, en mis lecturas, yo misma me convertía en parte del cuento. El verme como una pobre mexicanita, que vivía en una colonia de blancos, no era tan real para mí como los libros que yo leía, como Anne of Green Gables, The Wizard of Oz, *y todos los libros de Frank Baum. Yo leía todo lo que un niño de la clase media «americana» debía leer. Y, de hecho, fue mi madre la que me llevó a la biblioteca y me dijo: «Lee estos libritos y, cuando termines, lee este otro grupo de libros». Y me acuerdo perfectamente que volvíamos a casa, y que ella llevaba un montón de libros para ella, entre los cuales había cuatro para mí. Los leíamos todos en una semana y, después, volvíamos a la biblioteca. De este modo ella hizo de mí una ávida lectora. De algún modo ella me creó un mundo en el cual yo no aceptaba prejuicios. Eso era algo que quedaba fuera de mi mundo de magia. Me protegía, creo, y quizás, por eso mismo, yo no me daba cuenta del racismo que me rodeaba. De este modo, cuando mi madre y yo íbamos a la biblioteca a buscar libros, la mayor parte de los libros que escogía y traía eran los de Arthur Conan Doyle y Agatha Christy, la escritora del misterio. Mi madre era una mujer que había sido educada en Santa Fe y Loreto, escuelas bilingües, situadas*

en *El Paso*. *Mi abuela envió a mi mamá allí para que aprendiera a leer bien en inglés y en español, lo cual fue otra gran influencia en mí. A pesar de que no aprendí de ella el español que debiera, ella, sin embargo, nos hablaba y leía en español. Yo tuve muy pronto mis primeros contactos con libros, y de ahí brotó mi interés por la escritura. Creo que hay un viejo adagio árabe que dice: «Si tú miras a una higuera que da higos, también tú darás frutos». Como resultado de mis muchas lecturas, también yo comencé a escribir.*

LG
¿Cuándo comenzó usted a escribir?

EPT
Yo comencé a escribir cuando fui a la universidad. A pesar de lo que las maestras nos decían, de que las muchachitas mexicanas no iban al colegio, yo me las arreglé para hacer estudios superiores. Fui a la universidad, y me especialicé en inglés. Me acuerdo que cuando fui a ver a mi consejera o asesora, ocurrió lo mismo. Me dijo: «Vamos a ver, tú te llamas Estela Portillo y, por tanto, vas a especializarte en español, ¿verdad?». Yo le contesté: «No, señora, yo quiero especializarme en inglés». En ese tiempo no había tal cosa como que una mexicana se especializara en inglés. Ella repitió: «¿Estás segura?» Y yo contesté: «Sí, estoy muy segura». Y durante los tres próximos años todos mis consejeros trataron de persuadirme de que cursara estudios en el departamento de español, porque yo era «mexicana». Pero yo me rehusé siempre a hacerlo. Esto no quería decir que no fuera una idea maravillosa [estudiar español], sino que la realidad era que yo había leído ya muchas obras de las literaturas americana e inglesa, y esto me ayudó a ser lo que soy.

LG
¿Cuál fue la razón principal o motivo decisivo por el cual usted se hizo escritora?

EPT
Yo creo que todo ser humano necesita de alguna válvula-de-escape o salida, especialmente cuando uno se encuentra sumergido en los problemas de la vida, a los que uno tiene que hacer frente. Si todo lo que uno tiene que

ofrecer es ser ama-de-casa, o ser maestra para poder ganarse la vida, alimentar a los niños, limpiar la casa y barrer el piso, esto produce un tremendo vacío dentro de uno mismo, como si uno no tuviera esencia propia. En realidad es como si uno aceptara una especie de esclavitud. Yo sabía que había leído mucho y que había comenzado a escribir poesía, de seguro muy mala, sin embargo, y a pesar de ello, me presenté a un certamen en la universidad. Gané varios premios, aunque se trataba de una revista de estudiantes universitarios, y continué escribiendo más. Pero el verdadero esfuerzo y dedicación a la escritura vino más tarde, después de la muerte de mi hijo. Me creí entonces que me volvía loca. Durante todos mis embarazos, yo cerraba las puertas y leía mucho sobre una disciplina u otra [...]. Obtuve mi diploma de M.A. en Aldous Huxley, muerto después de haber escrito un libro intitulado Island *[...]. Leí ese libro, y él murió muy pronto después, y mi hijo después de él. Lo volví a leer, porque yo no quería pensar en mi hijo muerto, tener que guardar su ropita y soñar acerca de su sepelio, y cosas semejantes, lo cual me causaba mucho dolor. O sea, que pensaba en Aldous y, súbitamente, se me ocurrió pensar que él verdaderamente no había escrito una utopía, sino que la había tratado solamente por la superficie. Lo que yo tenía que hacer era estudiar la historia, y tratar de combinar lo bueno del Oriente con lo bueno del Occidente. Se sabe o dice que el Occidente tiene un fundamento político, mientras que el Oriente tiene una base filosófica. El Este no posee un avance tecnológico como el nuestro, pero, en cambio, tiene más humanismo y, al contrario, el Oeste es más rico, la gente vive más años y registra menos mortandad entre los niños. Hay aquí muchas ventajas materiales, pero creo que el mundo del Oeste está mucho más deshumanizado, a causa de las estructuras políticas. Las estructuras filosóficas del Este nunca deshumanizan, al contrario, añaden humanismo al hombre. Por eso comencé a estudiar todo lo que podía sobre el mundo del Este: sus filosofías, sus historias, y sus religiones. Después hice lo mismo con las culturas del Oeste. Más tarde me atreví a hacer lo que Aldous no hizo: escribir una utopía verdadera y no sobre una isla ficticia en medio del Océano Pacífico en donde él coloca esta sociedad perfecta. En lugar de eso, yo podía crear la realidad de la historia, modificando los dos mundos. Sabía que me volvía loca, o algo parecido, porque realmente no podía llevar a cabo el proyecto. Era imposible [...]. En fin, lo que hice fue estudiar estas dos concepciones cósmicas del mundo y, como resultado, la gente no quiere [discutir conmigo], porque yo les puedo vencer con mis argumentos sobre cualquier tema.*

También estudié estos mundos, porque me sentí obligada a hacerlo, y también porque creo que, de algún modo, el arte es el medio por el cual el hombre se puede escapar de toda jerarquía y puede limpiar sus heridas en un bosque o en cualquier otro lugar y, después, puede redefinirse como ser humano. Por esto estudié todo lo perteneciente al arte, a la música, a la literatura, y seguí el mismo modelo de lo que hice con el estudio de la historia: sinteticé todo. Así puedo saber por qué tal escritor escribió de la manera que escribió durante sus vida, basándome en la historia y en su psicología [...]. Hasta hoy día quizás todavía esté pasando por esta especie de locura, pero como resultado me siento muy feliz por tener un sentido preciso de quién soy, de qué estoy hecha y cuál es mi actitud ante la vida y la muerte. Esta forma de pensar me otorga una enorme confianza en mí misma. Después de haber escrito esta maravillosa utopía, que resultó ser una mezcolanza increíble, puedo decir que ya no descubrí más, pero de todo ello saqué esta maravillosa manera mía de ver al mundo y su funcionamiento. De pronto descubrí que, desde Platón, se habían escrito muchas utopías, todas ellas tratando de alcanzar una sociedad perfecta y, de pronto, me asaltan las palabras de Toynbe: «El hombre es una fibra de luz, si estudia desde el día que nace hasta el día que se muere. Cuanto más aprende, más se da cuenta de lo poco que sabe». De modo que, al final de su vida, él es como una fibra y un rayo de luz en un mar de oscuridad, y la magia maravillosa del misterio, y el milagro de la creación, le será siempre desconocido, porque el hombre es un ser diminuto a quien no le es dado comprender todo. Vive rodeado de una lucecita, y todo el conocimiento que acumula, aunque él sea muy inteligente, aunque sea un Einstein, su conocimiento es como una gota en el océano. Y así debe de ser. El hombre no puede saber los misterios de la creación, porque es un ser insignificante y, aunque sepa mucho, al fin de cuentas, no sabe gran cosa.

LC
¿Cómo pudiera usted caracterizar su trasfondo pedagógico?

EPT
Permítame comenzar por la siguiente premisa. Yo nunca fui una persona educada hasta que terminé mis estudios universitarios. Después estudié por mi propia cuenta. No asistí a una universidad de primera categoría. Lo que pudiera decir es que la universidad me otorgó los diplomas de

bachillerato y de magisterio y cómo hacer investigación. Creo que esto fue lo más grande que la universidad me proporcionó. En cuanto a que la universidad me ofreciera un amplio conocimiento, de ningún modo. Terminé mis estudios universitarios y comencé la enseñanza y el aprendizaje de muchas más cosas de las que la universidad hubiera querido enseñarme. De este modo, volví a mi antiguo hábito de la lectura.

LC
Sus estudios, ¿ejercieron alguna influencia en su vocación de escritora? Y si así fue, ¿podría explicarnos cómo ocurrió eso?

EPT
Creo que el acto de vivir, ciertamente, y la educación universitaria también tuvieron influencias en mi vocación de escritora. En especial porque, como dije, mi especialización en inglés me llevó a leer todo lo que había que leer en literatura inglesa y en la literatura mundial, excepto la literatura hispánica. Creo que pude terminar de leer Don Quijote *para una clase de español que tomé, pero fue todo. Para reformular la pregunta un poco, diré que la educación no le enseña a uno que debe ser escritor, o que debe desarrollar el arte de escribir, o que practicar cualquier otro arte, porque yo creo que el escribir no es un talento, sino un artificio por parte del individuo. Yo creo que la catálisis ocurre cuando uno reúne un cierto número de experiencias o intuiciones, como dicen los orientales, y de pronto le llega a uno una ráfaga de comprensión, de concientización, de la cual uno no tenía noticia. De pronto, estas intuiciones o ráfagas fuerzan a uno a escribir, porque cree uno que eso es algo nuevo que tiene que compartir con alguien. En cuanto a mí, yo no recibí ninguna inspiración por parte de los maestros o profesores, ni de mis compañeros de estudios. Alguna vez leo un libro, por ejemplo, del escritor Emerson, que era un predicador, y de pronto me viene una intuición sobre este autor que cree que el hombre debe ser independiente para poder realizarse completamente, etc., y después me doy cuenta de que Emerson, al profesar el trascendentalismo, deja fuera algo muy importante, como la realidad de la vida, porque él se dedicó solamente a la pura abstracción. De este modo me di cuenta de que Emerson patinaba sobre ideas, y me recordaba a una bala vacía, a un casquillo, a una bala sin sangre, y llegué a la conclusión de que uno puede patinar sobre todas las ideas que quiera, pero éstas están descarnadas, y no contienen la realidad.*

Para aquel entonces ya yo había tomado clases sobre Emerson, Thoreau y otras tantas personalidades. Siendo especialista en inglés, uno tiene que sufrir todas esas lecturas y, sin embargo, yo aprendí algo de ellos, porque, de pronto, pude separar el trigo de la cizaña, como cuando uno separa el arroz de los frijoles, la diferencia entre abstracción y realidad, y qué es lo que más importa. Después de todo esto, dejé de ser creyente en Emerson y en Thoreau. Sí, Thoreau, el pobre hombre que trató de vivir lo que Emerson predicó y que, a causa de ello, murió de tuberculosis, porque él quería una independencia completa, la que obtuvo, aunque parcialmente. También hice propósito de escaparme de las abstracciones, porque, cuando uno lee, tiene la tendencia de recoger materiales aislados y construir edificios sobre abstracciones, que vienen a ser castillos de arena en el aire y que no van a ninguna parte. Es un hábito del cual fue difícil deshacerme, y del cual estoy muy consciente. Creo que mis escritos han cambiado, porque, hasta cierto punto, logré poner de lado estas abstracciones, aunque todavía continúan siendo las bases de mis creencias, de mi filosofía y de todo lo demás, pero que, de todos modos, no explican la vida. Estos momentos de concientización, de intuiciones galvánicas, experimentando las cosas u objetos, como dicen los orientales, fuerzan a uno a escribirlas. Así que me ocurrió, de esta manera, y como ya dije, de que los estímulos que me indujeron a escribir fueron la vida y el aprendizaje.

LC
¿En qué lengua comenzó usted a escribir?
¿En qué lengua escribe ahora?

EPT
Siempre he escrito en inglés. Nunca creí que dominaba la lengua española. La puedo hablar adecuadamente, y alguna gente dice que la hablo muy bien. La mayor parte de las veces traduzco adjetivos del inglés al español para poder hablar de una manera inteligente. La verdad es que mi padre siempre insistió que aprendiéramos inglés. El era un de esos inmigrantes que quería subir la escala social y hacerse «americano» inmediatamente. De este modo, pudo obtener más dinero, mudarse a una casa mejor, etc., e insistía en hablarnos siempre inglés. A esto habría que añadir la gran afición que yo tenía por la lectura, lo que me motivó a aprender inglés de tal modo que me fue fácil. Uno tiene que dominar la

lengua para poder ser escritor. Quizás haya alguien que no esté de acuerdo conmigo, porque escriben en un estilo simple y hermoso, pero, en mi experiencia de escritura contorsionada, yo tengo que dominar la lengua y dar saltos mortales con ella. Tengo que emplear la palabra precisa en el preciso momento. De este modo, me siento segura en inglés, porque ahora es mi lengua. Me gusta el español y me encanta hablarlo, pero nunca lo llegué a dominar y, por tanto, no lo empleo en mis escritos.

LC
¿Cree usted que hay una lengua «oficial» en la literatura y para la literatura chicana, que la diferencia de otras literaturas y culturas?

EPT
Ante todo me gustaría dar mi propia definición de lo que es «lengua». Creo que cualquier tipo de lengua, si funciona para un grupo dado, es lengua. Es una lengua legítima, adecuada y puede tener toda la hermosa y el poder de aquélla que se llama «lengua dominante». Creo que en la literatura chicana se usa mucho el caló, la lengua callejera, la mezcla de inglés y español, y este tipo de lengua tiene su propia hermosura. Me gustaría poder usar este tipo de lengua, pero sería un artificio por mi parte si la usara. Uso la lengua literaria, porque esa lengua soy yo. Por ejemplo, cuando escribí mi drama Black Light, *me acuerdo que estaba en Albuquerque con Jorge Huerta y un grupo de jóvenes actores que iban a desempeñar el papel de pandilleros. Cuando les leí las partes que les correspondían a ellos se echaron a reír hasta rodar por el suelo. Súbitamente me di cuenta de que la lengua literaria no se prestaba para aquella situación específica. Tuvieron que emplear a una persona a que me ayudara a escribir el diálogo para esos «batos», que requería ese tipo de lengua callejera. Creo, por tanto, que esa lengua particular tiene gran validez. Sin embargo, también creo que el abuso de ciertos términos, especialmente de términos explosivos, es una crítica que yo tengo contra esta clase de lengua, porque me parece que el uso exagerado de este tipo de léxico se debe a una falta de conocimiento más amplio de otros términos, o sea, que no tienen un vocabulario amplio. El hecho de que esta lengua de la calle tiene vida y es orgánica, no quita que sea limitada como lengua.*

LC
¿Cree usted que la lengua que un escritor o escritora emplea es importante como símbolo de la cultura sobre la que él/ella escribe?

EPT
Para comenzar, la reacción que despertó en mí esa pregunta fue: «repítala, por favor». Creo que lo que usted está preguntando es si el inglés es una lengua «simbólica» para mí. Yo sé que los símbolos es algo que existe y también sé que se usan mucho. Proceden del subconsciente y se emplean en la lengua y en la escritura. Pero no creo que el escritor piense en símbolos y sobre símbolos. Por lo menos, yo no. Yo no puedo decir que esto simboliza eso o aquello. Al menos yo no quiero aceptar que lo que escribo es un símbolo o es simbólico. Quiero convencerme de que lo que trato de escribir está basado en experiencias. Así que no me percato de que sean símbolos, al menos no soy lo suficientemente inteligente para contestar adecuadamente sobre si los símbolos son o no importantes. Creo que la lengua ciertamente está hilvanada y entrelazada con la cultura y, tal cual, es auténtica y suficiente para representar una experiencia dada. Cuando los chicanos escriben en caló, en inglés o en español, o en la lengua del barrio, todas estas lenguas tienen cierta autenticidad. ¿Por qué yo escribo en inglés? Como dije antes, yo no me percataba muy bien de la vida del barrio ni de su lengua, porque yo, desde la edad de siete años, me escondí detrás de los libros. Mi mundo era el inglés y mis experiencias eran en inglés, aún cuando mis padres me hablaban en español. El inglés fue la lengua dominante en mí, aún en aquello que ellos decían en español. Me encanta la cultura chicana, me encanta su música, sus expresiones idiomáticas, sus canciones y el ritmo mismo de la lengua. Todo respira alegría, pero, en esencia, yo no soy eso. Yo soy una criatura rara que vivió metida en un libro y salió con la lengua de ese libro. Esta última fue una cultura alterna para mí, aunque mis experiencias fueron las del pueblo mexicano. Así que no pude vocalizar esas experiencias mexicanas o chicanas, porque las tendría que expresar en inglés en cada momento. Sí, creo que la literatura chicana debe tener en cuenta la lengua de los chicanos. Esto es lo que les da una belleza verdadera, la vida de una historia o cuento, de un personaje, de la comunicación espiritual entre los individuos involucrados. Pero no creo que alguien que escriba en inglés y tenga un sentimiento y amor por esa

cultura, asimile la cultura simplemente porque escribe en inglés. Yo creo que capto la experiencia chicana, aunque escribo en inglés.

LC
¿Por qué escribe usted?

EPT
Yo escribo para mantenerme cuerda, para escaparme de la trivialidad diaria y para madurar a través de las experiencias de mis personajes. También incluyo muchas ilusiones y deseos que no se pueden realizar en la vida, pero que se pueden representar en la ficción. Así que, desde el punto de vista de la salud mental, el escribir me ha servido de terapéutica, que es lo que me mantiene con un espíritu positivo ante la vida. Soy una persona positiva. Escribir me ha convertido en un ser positivo, y una de las razones por las cuales soy una persona positiva hacia otros es porque tengo que amar a mis propios personajes, sean protagonistas o antagonistas. Tengo que quererlos, tengo que ver su humanidad, y esto es un poder que lleva a uno a todas partes. Es como si yo manipulara las vidas reales de la gente, no que yo las manipule en la vida real, sino que, en el mundo de la ficción, ellos tiene que tomar una dirección. Yo soy la que los sigo. Tomo una protagonista, una mujer naturalmente, le doy ánimo, el atrevimiento, la vida al filo de la vida que yo misma no pudiera vivir, simplemente porque yo vivo en un espacio y costumbres que me di a mí misma y quizás porque soy una cobarde, pero de todos modos, y de pronto, me convierto en esa criatura que puede hacer todo, que puede trascender cualquiera cosa y que puede meterse en lo más profundo de los sentimientos. Esta experiencia añade algo en mi vida como persona. Yo soy todas las protagonistas en mis escritos, aún esas que matan, esas que aman y esas que temen, y, sobre todo, esas que sufren. Un día mi sobrina había acabado de leer el manuscrito de unos cuentos míos y dijo que le habían gustado, pero que eran muy tristes. No me había dado cuenta de que estos cuentos de mujeres triunfadoras eran tristes. Pero, después de todo, todas las situaciones van marcadas por un estrato socavado en la lucha por la vida, pero la tristeza ni es pesada ni es negativa. Es una verdad universal que, a pesar de las luchas inherentes que definen la vida, la vida vale la pena vivirla y a la gente vale la pena amarla. Y esto, para mí, vale más que el dinero, porque tengo un sentido de lo que yo puedo ser.

LC
¿Hay alguna fuerza o motivo externo que le impele a usted a escribir (por ejemplo: otros escritores, la familia, los beneficios monetarios, el «publicar o perecer», etc.?

EPT
Cuando comenzaba a escribir, tenía yo una falsa impresión creyéndome que los escritores hacían mucho dinero. Pero la clase de obras que yo escribo no producen dinero. Mis novelas no son del tipo sensual que se venden en los supermercados. A mí me interesa la obra literaria, porque eso es lo que yo soy. Soy producto de la obra literaria, por eso me encanta el buen lenguaje y el buen gusto. Mis libros no son best sellers, *ni se convierten en* shows *de la televisión. Por tanto, tuve que aceptar el hecho de que siempre sería pobre. Al principio quería obtener algún beneficio monetario, pero nunca lo logré. Hoy me doy cuenta de que el escribir literatura tiene en sí un valor intrínseco y de que desarrollar ideas que acompañan a los personajes vivos y colocar a éstos en situaciones conflictivas, en donde se encuentra una solución y desarrollo, es un medio terapéutico para mí. Me otorga mucha paz y alegría esta experiencia y relación con los personajes. Todos los escritores de ficción tienen esta experiencia. Los escritores son sus personajes, y poder hacer estas cosas, que no puedo hacer por pertenecer a la clase media de ama-de-casa, es como escaparse en un vuelo.*

LC
¿Cree usted que el ambiente social, como la experiencia chicana o la cultura dominante, le incita a escribir?

EPT
Me criaron en la clase media, soy de la clase media y la cultura dominante me ha influido, sobre todo a través de las lecturas que hice. Nunca me consideré una chicana per se, *porque estuve aislada de la cultura chicana. Estuve muy involucrada, especialmente como especialista en literatura inglesa, en la cultura dominante, y en realidad fui una de las primeras hispanas en especializarse en inglés, como compañera de clase de un grupo de «gringos». Allí estaba yo, la única chicana, creyéndome americana. Una de las razones es que yo no experimenté el racismo horrible que me rodeaba. Era yo demasiado ingenua para darme cuenta de este fenómeno racial,*

porque estaba totalmente involucrada en la experiencia de la literatura americana. Creía que era solamente americana, cuando, de pronto, me di cuenta que realmente no lo era, que era una ciudadana de segunda clase. Yo era muy idealista, y no muy espabilada. De manera que, cuando pienso en cómo me sentía yo en aquel tiempo, diré que me sentía distante de la experiencia chicana. Me encanta la experiencia que tuve de niña, como miembro de una familia hispana, de las bodas y de las quinceañeras. Las experiencias con mi mamá y mi abuela. Especialmente cuando mi mamá hacía tortillas para el desayuno. Servía jugo de naranja, huevos y tocino, pero también había frijolitos y tortillas. La mezcla era evidente, porque incluso mis padres se habían americanizado. De alguna manera, entonces, y a causa de la influencia que los libros que leía tuvieron en mí, yo misma me iba aislando. Y, para decir la verdad, cuando yo comencé a escribir, no escribía para chicanos. Desarrollé el tema hispano simplemente porque yo era hispana. Me convencí a mí misma de que esto es lo que conozco y esta es mi experiencia. [...]. En realidad, nunca me creí chicana, pero una vez que Quinto Sol comenzó a publicar mis obras, y a llamarme «chicana», me creí en la obligación de cargar con ese apelativo. Traté de recordar todas mis experiencias pasadas del barrio. De hecho, cuando por primera vez se publicó mi The Day of the Swallows *me fui al barrio para oler el adobe, porque me traía memorias de ese olor delicioso del adobe húmedo cuando le daba el sol, y de mi abuela cuando regaba las plantas de su jardín al mediodía. Me sentaba en el zacate y percibía ese maravilloso olor que se haría parte de mí para el resto de mi vida. Las voces de las abuelitas y de los muchachitos jugando y hablando en español. Todo esto era música que yo había olvidado. Quería recobrar todo esto, por mucho tiempo quise volver a ser chicana, pero me di cuenta de que no podía ser, porque no viví la experiencia chicana, por haberme aislado yo misma. Y fue, naturalmente, lo libresco en mi naturaleza que, durante la mayor parte de mi vida, creó otra experiencia nueva para mí y en mí. Yo siempre fui la heroína, y nunca me creí inferior a una heroína. Esto ha sido uno de mis pecadillos más grandes. Me es difícil no creerme una heroína, porque ésta fue una de las cosas que mi abuela me metió en la cabeza. Nunca me creí una pequeña y pobre mexicanita que no tenía oportunidades. Me creí una heroína, porque mi abuela me hizo creer que lo era. Siempre me llamaba «Estrellita» y me decía que yo era maravillosa, y esto me dio tanta confianza que funcionó como un puente. Me imaginé como un río caudaloso y que necesitaba un puente para agarrarme de él en la vida con toda su pobreza, sufrimientos y racismo. Cautelosamente caminaba yo sobre este puente, que mi abuela y mis libros me habían construido, porque ante mis propios ojos yo no era una «mexicanita», sino una heroína sacada de un libro. Quizás todo esto no indique exactamente de donde provengo yo, pero trato de ser honrada. Esto y ésta es Estela Portillo.*

LC
¿Tiene usted alguna causa política que la motiva a escribir?

EPT
Yo defino la política muy claramente y, naturalmente, mi política involucra a la gente que ha sido explotada, esclavizada y abusada como víctima de la sociedad que ejecuta su poder de una manera errónea. Yo incorporo la política en un sentido global, y no de la manera en que los gringos han tratado a los chicanos. [En mi política] indico el contraste entre pobres y ricos. Mi punto de vista no ha sido la política del chicano explotado. Nunca la concebí de esa manera. Estudié bastante bien la historia, y, para mí, la explotación existió desde el tiempo de los egipcios. En lugar de las diez «maravillas» del mundo, yo les llamo los diez «horrores» del mundo, porque estos horrores fueron construidos a costa de las vidas de millones de gente humilde y pobre para satisfacer la ambición y orgullo de un rey. Yo no considero esto como grandeza ni como historia la que define lo mejor del ser humano. Podría decirse que, de alguna manera, todos somos animales políticos, pero tengo una conciencia clara de todo esto, porque estoy políticamente informada. Yo puedo sentir con exactitud lo que los políticos o grupos hacen para manipular a las masas. En un sentido paradójico, aunque soy una persona política, creo que la política no tiene nada que ver con el arte. Creo que todo arte es una forma de expresión que el ser humano posee para escaparse de aquello que es política, porque todo lo que es política, y que implica poder, lleva consigo la deshumanización. Y si el hombre se considera como debe considerarse, tiene que hacerlo a través de la expresión artística. El arte expresa nuestra humanidad para pelear contra la deshumanización que implica el proceso político. De manera que, en mi definición personal del arte, yo no incluyo la política, en el sentido de usar el arte como una expresión de un punto de vista político. Cuando se emplea el arte para politizar, se degrada y se viola. El arte no se creó ni practicó

para eso. De acuerdo a mi definición, el arte es una forma de expresar la pequeñez del hombre, su vulnerabilidad, de crear la belleza para poder luchar por la sobrevivencia. Y esto es lo más grandioso del hombre. De modo que no es algo político, pues el arte expresa lo más elevado del ser humano, su progreso y su hermosura. Por eso, el arte no se puede definir en términos políticos. Cuando yo escribo, no quiero ni pretendo ofrecer una aseveración política, aunque parezca lo contrario. En mi Black Light hablo de cómo el mundo «gringo» aisló al mundo chicano en una isla de pobreza, de la cual no puede escapar. La razón por la cual el chicano no puede alzarse sobre este nivel de pobreza se debe a que todos los días de su vida se encuentra ante la derrota, y el gringo no comprende esto, porque su propia vida no es una derrota. El posee todos los beneficios de las experiencias positivas y el apoyo de la cultura dominante y es aceptado como miembro de la mayoría. Pero cuando la mayoría priva a la minoría de su cultura, destruye su sentido de dignidad. ¿Cómo puede esperarse que la mayoría llegue a realizar algo? Una de las cosas que me encorajinan es el sello que le dan a los mexicanos de perezosos, de que no sirven para nada y de que no quieren trabajar, siendo, en realidad, lo opuesto. La verdad es que el hombre blanco es quien lo estranguló, quitándole lo mejor que tenía: la dignidad y la autoestima. Así que, en el fondo de mi alma, tengo esta impresión de quién es el verdugo y de quién es la víctima, pero, al fin de cuentas, mi obra no se ocupa directamente de lo político. Hay un afirmación política, pero no es intencional. En breve, yo trato de no mezclar la política con el arte.

LC
El movimiento chicano de los 60 y 70, ¿ha tenido alguna influencia en su obra literaria?

EPT
Me hallé atrapada en el flujo literario de esos tiempos, y me pusieron en el contexto de ser una escritora chicana. Yo podía comprender su movimiento como una forma de protesta y de coraje contra el gringo, aunque yo, como indiqué antes, me había aislado y resguardado desde mi niñez de ese prejuicio o racismo. Más tarde me di cuenta de lo estúpida que había sido y de que siempre hubo prejuicio. Me encontré varias veces ante la pared de la derrota, es decir, de no poder ser miembro de una fraternidad o sororidad, ni de poder obtener una carrera que me hubiera gustado,

simplemente por haber gente cruel, y por el hecho de ser mexicana y pobre. En aquel entonces yo no estaba consciente de estas formas de rechazo. De los libros extraje imágenes de quién yo me creí que era, y eso me dio valor y confianza para no sufrir una destrucción y derrota total. Así era yo, y sentía orgullo. Pero eso no quiere decir de que el racismo no existiera. Este pesaba mucho sobre el chicano, porque le tocó directamente y fue muy destructivo. Tenían razón los chicanos para estar encorajinados y presentar sus quejas contra el hombre blanco, que tiende a ser avaro, poderoso y manipulador. Fundamentalmente yo acepté el movimiento chicano y lo que los chicanos estaban haciendo, pero, con todo, me encontraba desprendida. La razón principal era que, dentro de mi simplismo de persona de clase media, había ignorado estúpidamente los rechazos que existían en ese tiempo, por tener una enorme confianza en mí misma. No consideraba yo esto como algo hiriente por parte del gringo. Siempre pensé que, estando en la escuela o en cualquier otra situación, yo podía hacer lo que hacía el gringo, y todavía mejor. Y, aunque parezca un poco jactancioso, esta fue la realidad, porque siempre pude pensar un poco mejor que ellos. Una de las razones por qué yo escribo en inglés, no es tanto por ser la lengua dominante, sino por el horrible sello que, históricamente, nos dieron e impusieron. Algunas veces, cuando doy alguna presentación como ponente invitada, siempre hay alguien que me alaba algo de lo que digo en alguno de mis libros. Quizás haya sido en Wisconsin, o en algún otro lugar por allá, cuando me encontré entre un grupo de maestros de inglés. Una maestra se lamentaba que ella no podía leer un libro mío, porque estaba en español. Yo, naturalmente, le respondí diciendo: «De ninguna manera, porque yo escribo en inglés». A todos le sorprendió de que yo escribiera en inglés. Es una especie de ceguera que ellos tienen en cuanto a nuestras capacidades y talentos. Este incidente me explica el enojo de algunos escritorios chicanos y del movimiento mismo. Y la mayor parte del movimiento, al principio al menos, era la voz de los hombres, de los varones, en literatura y en todo lo demás. De esta manera tomó la apariencia de oposiciones, entre el chicano y el hombre blanco, aunque no siempre había sido éste el caso. Esta división se creó para poder protestar. Una vez que me encontré en el torbellino del movimiento, yo clamaba de que era [una mujer] chicana, y no encontraba dentro de mí misma las razones suficientes para manifestar el mismo rencor de los hombres. Yo aplaudía todo, no me gustaba necesariamente el tipo de literatura que se escribía al principio, que era mayormente de tono político, *en donde se sacrificaba el arte en aras de un mensaje político, pero ellos tenían el derecho de hacerlo. Yo me involucré, ciertamente, porque fui la primera chicana a quien le publicaron sus obras durante ese período del movimiento. Me convirtieron en el modelo de las mujeres en las universidades, que, por aquel tiempo, no tenían modelos. De esta manera, pues, me convertí en el primer peldaño o apoyo para que ellas pudieran crear y escribir. Y ésta es la cosa más cercana a mi participación en el movimiento chicano.*

LC
¿Hubo algún motivo interno que le empujó a escribir?
Si así es, ¿cuál fue?

EPT
A mí me confirmaron como una «escritora chicana», porque los mismos chicanos publicaron mis obras durante el período del movimiento. Pero yo hubiera escrito aún cuando no hubiera habido ese movimiento, porque yo no escribía temas políticos. Mi libro Rain of Scorpions *no tiene nada de política. En aquel entonces yo escribía sobre tristezas, como indiqué antes que había notado mi sobrina. Era debido a unas épocas de enajenación y de soledad en mi vida, que se reflejan en mis personajes, aunque yo no creía que el libro fuera así de triste.*

LC
Después de escribir los libros que escribió, ¿todavía tiene usted alguna cosa que transmitir a sus lectores?

EPT
Espero que sí, porque, en tanto que escritores, transmitimos siempre aquello que nosotros somos, hasta el punto y momento en que nos encontramos. Espero que siempre que tomo la pluma y comienzo a escribir algo nuevo, yo me he hecho y convertido en una persona más humana y más completa, y que esto se refleje en mis escritos. También espero que yo pueda y logre aceptar más y más a la gente, a pesar de sus idiosincrasias y diferencias. Ciertamente espero que lo que escribo hoy sea mejor que lo que escribí ayer, por la simple razón de que sé más, he aprendido más, tengo más experiencia y, quizás por esto mismo, yo sea una escritora más gentil,

más comprensiva con mis personajes. Espero que cada vez que escribimos seamos personas diferentes. Ciertamente, yo no me considero la misma persona hoy de la que era cuando escribí Rain of Scorpions.

LC
Si usted no hubiera encontrado el vehículo literario para expresarse, ¿en qué otra forma hubiera comunicado sus ideas y mensajes?

EPT
Hubiera sido una bailarina. Siempre quise ser una bailarina o una actriz. Actué mucho a un nivel local, pero más que nada me gusta la música y el baile. De todos modos, creo firmemente que yo hubiera sido parte de otra forma artística. Mi madre se enojaba conmigo, porque era maestra de música, y quería que yo aprendiera a leer las notas, y yo me rehusaba. Algunas veces ella tocaba en recitales, y cada uno de los estudiantes aprendía una pieza. Ella me pedía que ejecutara una pieza difícil de Liszt o Mozart. Entonces ella se sentaba y me la tocaba, y yo la aprendía de oído. Mi comportamiento le frustraba, porque ella sabía que yo tenía un oído muy bueno para la música. Ahora me doy cuenta exacta de lo que ella intentaba, porque cuando yo escribí tres de mis dramas, compuse ocho canciones para uno de ellos. Admito sin ambages que soy una bárbara. Puedo escribir versos, música y más, y puedo escribir en la llave de C, pero muy limitadamente, porque no sé las doce notas de la escala o lo que se necesita para poder componer variedades musicales. Esto me frustra en gran manera, por no haberle hecho caso a mi madre en ese tiempo. Creo que en aquel tiempo tenía más talentos para la música y el baile que para escritora. En mi juventud, el baile, la música y el canto eran más espontáneos, intuitivos e instintivos en mí. Me encantaba. Y, para contestar a la pregunta, sí, definitivamente sí, habría otra forma de arte para poder expresarme.

LC
¿Se arrepiente usted de haber escrito lo que escribió y cómo lo escribió? ¿Quiso alguna vez cambiar la dirección de sus escritos?

EPT

Descontando otro libro que nunca se publicó, después de Hirarchy, *aunque no me he arrepentido de ello por haber aprendido mucho, estoy convencida de que el arte de escribir consiste en re-escribir. Uno aprende al no escribir bien, pues tiene que volver a empezar, hasta que le salga bien. Si usted me conoce, como aquellos que me conocen bien, sabrá que Estela se esconde en una esquina y que nunca saldrá de allí hasta que pinte todo el piso. Por tanto, yo creo en la re-escritura. No me arrepiento de nada de lo que yo he escrito, porque, mientras lo hacía, creía en ello. De lo que sí me arrepiento es de la falta de artificio, de técnica y de no saber cómo separar la ficción de las ideas. Mis primeras obras fueron un montón de ideas descabelladas, que intentaba de forzarlas en los lectores a través de los personajes ficticios, y esto es un suicidio para el artista. Tardé muchos años para poder liberarme de este defecto. Pero usted podrá ver la diferencia en la nueva versión de* Rain of Scorpions, *en donde no aparece la retórica acostumbrada. Y esto es algo bueno, porque la ficción, en su forma esencial, no debe ocuparse de las ideas, sino de las personas, de su caracterización y de sus problemas. Esto no quiere decir que no me sienta orgullosa de algunas cosas que he producido. Pero, a causa de que comencé a escribir como una persona de ideas, como una autora libresca, tengo que admitir que la honradez conmigo misma brillaba por su ausencia en mi ficción literaria. Eran ideas, creación de personajes basados en ideas, en lugar de crear seres humanos sacados de la realidad y transformarlos en personajes ficticios. Creo que no me ajustaba lo suficiente a la tierra y a la gente del pueblo. Creo que yo no había acumulado bastantes experiencias sobre la gente y sus problemas. Era más bien una protegida ama-de-casa de la clase media, que creaba personajes salidos de la cabeza. Esta no es la forma de hacerlo. Tardé unos quince años en darme cuenta de ello, pero ya mejoré mucho en mis escritos. Creo que ahora sé bien mi oficio. Fue una lástima que esto ocurriera tan tarde, aunque todavía tengo que vigilarme. Uno de mis objetivos y propósitos es escribir un libro que sea tan real y tan verdadero que pueda tocar las cuerdas de la sensibilidad de todos, sin prejuicios de cultura, de lengua y de experiencias. Finalmente, espero continuar en este proceso de cambio y de mejoramiento. Posiblemente caiga de bruces más veces, pero me levantaré y volveré a empezar. Esto es lo que me gusta hacer.*

LG
De las dos razones principales que le motivaron a escribir, ¿cuál cree usted que fue la más poderosa, la interna o la externa?

EPT
Uno se encuentra entre la acción y la reacción. La experiencia externa es la acción, y la interna es la acción, aún cuando la reacción sea algo físico. La acción se internalizó antes de hacerse física. El individuo tiene mucha vida interna en él/ella y una gran capacidad de comprender sentimientos y sensaciones. Hay muchos escritores que se alimentan de las experiencias internas, porque de aquí brotan los mejores sentimientos e ideas o, dicho con más precisión, los conceptos y la espiritualidad. He leído a muchos hombres escritores muy buenos, motivados por fuerzas externas, obteniendo así buenos resultados. La mujer, sin embargo, tiende más a dejarse influir por las experiencias internas. El hombre, a causa de que es «más físico», logra mejores obras basándose en las experiencias externas. Como mujer, la interna ligazón me caracteriza a mí, aún en el momento que estaba escribiendo la escena de la violación en mi novela Trini. *En aquella ocasión, hablé con un amigo que enseñaba literatura creativa en la universidad de Texas, en El Paso, y que me aconsejó: «Estela, debes comprender que esa escena de la violación requiere mucho trabajo, como una cámara cinematográfica que toma diferentes ángulos, aspectos y acciones, y que se requiere movimientos rápidos. ¿Por qué no tratas de usar solamente verbos, porque el verbo es el elemento de acción más importante? Emplea verbos únicamente para describir cada una de las acciones externas, como un marco que lleva a otra acción externa». Practiqué el consejo y, me llevó mucho tiempo, pero creo que produje uno de los mejores personajes que salieron de mi pluma, por haber seguido este consejo. Lo conseguí al ocuparme de lo externo, describiendo así la violación en sus aspectos crudos de terror y de crueldad. Las experiencias internas y externas son necesarias en la escritura literaria. No importa realmente si la motivación es externa o interna, porque creo que el escritor, en diferentes ocasiones y situaciones, se deja llevar por una u otra motivación, y él o ella internaliza lo externo o externaliza lo interno. En definitiva, ambas está entrelazadas.*

LC
Dejando de lado la humildad, ¿quisiera usted que se la recuerde como escritora? O, dicho de otra manera, ¿le ha contagiado la "fiebre de la inmortalidad", como le ocurrió a muchos otros escritores?

EPT
¿La inmortalidad basada en las obras literarias? ¡Qué quiere que le diga! No, no creo que yo pueda vivir eternamente porque haya escrito varios libros. No creo que sean tan importantes ni que lleguen a crear temblores sísmicos. Son sencillamente experiencias narradas y escritas. Para mí, la palabra «inmortalidad» quiere decir mucho más de lo que le puedan otorgar a uno sus libros. Es, esencialmente, la comprensión entre la mismidad y la diferencia que existen entre la vida y la muerte. Esta es mi teoría, pero no sé si usted la quiere escuchar o no. A través de mis estudios sobre la teoría psicológica y filosófica de Jung--él es tanto filósofo como psicólogo--creo en la conciencia colectiva y, por tanto, no creo en la muerte. Creo que nuestro aspecto físico es una mera construcción del Ego, de nuestras identidades y de lo que somos. Yo soy esto y aquello, y esto es sencillamente una fachada necesaria que tiene que inutilizarse mientras el cuerpo se halla en esta tierra. Pero el ser humano es mucho más que esta apariencia física. Y no estoy hablando de Dios, del cielo o del infierno. El mismo término de «espiritualidad» está muy ajada y desgastada, porque en realidad no sabemos exactamente lo que es. Creo que vivimos una vida dentro de otra, y que siempre crecemos y nos desarrollamos en esta vida, y cuanto más conocemos y comprendemos este mundo, la vida y la muerte, más cuenta nos damos de que no hay tal cosa como la muerte. La conciencia que tengo ahora, de acuerdo a la teoría junguiana, una vez que el cuerpo muere, el nombre y los logros no tienen importancia. Pero el cuerpo que muere es un conglomerado de experiencias, sentimientos y conocimientos que, fundamentalmente, se liberan al morir el cuerpo. Se convierten en una conciencia humana mucho más grande. En otros términos, es como una enorme nube de experiencias humanas que estuvo acumulándose por miles de años, que permitió que nosotros nos desarrolláramos, que nos espiritualizáramos y que, gracias a ello, llegáramos a obtener un conocimiento de nosotros mismos y de Dios mucho más amplio. Entonces, para que el ser humano haga frente a esto, y como hombre que es, necesita de las experiencias colectivas de toda la

humanidad que se encuentran en esta nube de conocimiento, de sentimientos y de sensaciones [...]. Lo que él [el ser humano] hace es desgajar una parte de esa conciencia colectiva. En esto consiste nuestra inmortalidad. No se trata de un nombre, de un ser humano solamente, o de sus experiencias individuales, sino de la totalidad de todos los seres humanos, de toda la conciencia colectiva de la humanidad [...]. Y en esto consiste la vida: el entusiasmo de vivir y de alcanzar esa conciencia cumulativa de todos los seres humanos. Por tanto, yo no moriré, sino que viviré eternamente, seré inmortal.

LC
¿Para quién escribe usted?

EPT
Para mí, por razones terapéuticas. Pero, sobre todo, porque puedo crear personajes y experiencias que amplían y desarrollan mi ser como persona. También escribo para otros, porque creo que la gente joven que lee mis cuentos puede aprender o, por lo menos, puede tener alimento para la imaginación sobre sus vidas y experiencias. Recuerde de que la ficción llega hasta las regiones más profundas de la experiencia humana, hasta esos ríos de sentimientos, sensaciones y pensamientos, sean negativos o positivos, que requieren una cantidad enorme de comprensión. Una vez que estos elementos se conjuran en un cuento o en un personaje, se le entrega al lector una píldora de vida que él/ella digerirá. Y este hecho vale la pena, estas pastillitas pueden ayudar al crecimiento de otros seres humanos. ¿Cómo podría negarse, por ejemplo, que estas experiencias vitales, incluyendo las encerradas en los libros, nos convierten en lo que somos? Me atrevería, incluso, a decir que los individuos más corteses y gentiles son los que han sido buenos lectores. Yo, por ejemplo, he aprendido mucho sobre la vida interna y los pensamientos sacados de los libros. Entrégame una persona que no lee y te devolveré una persona que será inflexible, desatisfecha e intransigente, porque no se puede aprovechar de las cosas más bellas que ofrece la vida y el arte. Así, cuando se escribe una pieza literaria, o un personaje se desarrolla y se convierte en un ser humano o en él se encarnan estos sentimientos humanos, uno adquiere una sensibilidad más pronunciada y, por consiguiente, respetará más a sus congéneres. La lectura, como experiencia, se hará un hábito. La vida nos otorga experiencias con

las cuales nos desarrollamos, pero la literatura las refina y las enriquece. A través de los libros adquirimos esas semillas de prudencia y de sabiduría que crecerán junto a las experiencias que la vida nos otorga.

LC
Cuando usted escribe, ¿tiene en mente al lector?
En particular, ¿qué clase de lector?

EPT
Cuando yo comencé a escribir, no había tomado ninguna clase de literatura creativa. Escribía como cualquier salvaje y, claro, todo me salía mal. Después de haberme disculpado continuamente por mi Rain of Scorpions *siempre que iba a congresos o tenía que hacer alguna presentación, antes de la segunda versión--de la cual me siento orgullosa--decidí tomar alguna clase de literatura creativa. Así que me inscribí en la universidad aquí, en El Paso. Lo primero que el profesor dijo a la clase fue que eligiéramos una «audiencia» antes de comenzar a escribir el proyecto. Yo me metí de lleno a ello y me preguntaba, «¿quién va a ser mi audiencia?» Me dije que era escritora chicana, y, por tanto, que mis lectores serían chicanos. En aquel entonces, fui sincera conmigo misma. Pero ahora no, ahora escribo para todos. Pero insistieron en que no podía escribir para todos, que tenía que seleccionar una audiencia. Lo que el profesor quería decir, se me reveló pronto. Lo que el profesor debiera haber dicho es: «¿Escriben ustedes para una audiencia que les compre los libros? O sea, ¿escriben ustedes para un mercado?» Esto es lo que significaba buscar una audiencia. Pero yo creo que el escritor que labora honradamente con las experiencias humanas, o que quiere compartir algo que él/ella aprendió, o que lo que escribe añadirá algo a las personas que lo leen, ya tienen una audiencia* per se. *Esos escritores están escribiendo para otros seres humanos. Así que su audiencia es aquélla que ella misma selecciona el libro y lo lee. No es aquel libro que un ama-de-casa compra en el supermercado, ni aquel otro que escoge la televisión para hacer de él una mini-serie. Esto no debe motivar a un escritor comprometido con el arte. Cuando la cuestión o pregunta de «buscar una audiencia» se propone en una clase de literatura creativa, lo que, entonces, realmente significa esto es: «¿Para qué mercado escribe usted?» El mundo es la audiencia del escritor, y cualquiera persona que lea el libro, esa es la audiencia que el escritor debe querer.*

LC
¿Se preocupa usted del crítico antes, durante y después del proceso creativo? ¿O no piensa en él para nada?

EPT
Para decir la verdad, yo nunca pienso ni pensé en los críticos. Y cuando algunos estudios críticos escriben algo, como por ejemplo algún escrito de María Sobek, que, según dicen, es una experta en mis obras, porque escribió sobre Black Light, *después de leerlo me dije: «¡Qué hermoso, toda esta lengua tan hermosa! Pero, ¡qué pena que no haya entendido el drama». Los críticos son unas personas magníficas, pero, de algún modo, me producen terror, porque intelectualizan y proyectan de sí mismos en la obra algo que no existe ni existió en la obra misma. Quizás puedan ver algo más de lo que yo vi cuando la escribí, o quizás yo sea miope y ellos no, o quizás ellos interpreten la obra basados en otras experiencias. Sea lo que fuere, los críticos ven las cosas de diferente manera, y ésa será una prerrogativa que ellos tienen. Sin embargo, ellos son necesarios, porque nos proporcionan la oportunidad de vernos a nosotros mismos, aunque no los entendamos.*

LC
¿Cómo categorizaría usted su obra literaria: como documental, como un objeto de placer estético, como un producto artístico o, simplemente, como una obra de arte?

EPT
Definitivamente, no como «obra de arte», porque la obra de arte exige mucho más de lo que yo hago. Un Van Gogh es una verdadera obra de arte, es el arte mismo. Pero cuando usted es un ama-de-casa de la clase media con hijos y esposo y, al mismo tiempo, tiene que trabajar en la sociedad, una no puede sacrificar todo esto por el arte. Dudo, entonces, que un escritor que está involucrado por completo en la vida rutinaria llegue a producir una verdadera obra de arte. Por otra parte, mi obra tampoco es un «documental». No podría calificar de documental a un producto artístico, porque «artístico» es un término muy vago, en el sentido de «el valor que se le da o que tiene el producto mismo». En cuanto a lo de «placer estético» diría que sí, que mi obra es ante todo un placer estético. Escribo porque recibo un

gran placer al escribirla, y porque me saca de mi propio mundo y me transporta a otro, fuera de mí mismo.

LC
¿Continuaría usted escribiendo si supiera que nadie leería sus obras?

EPT
Sí. Yo escribo para comprenderme a mí misma, y para construir una base sobre la cual ser lo que quiero ser y para llegar a ser lo que no soy y quiero ser. Creo que siempre me encuentro en un estado de llegar-a-ser, en lugar de haber-llegado. Como me digo a mí mismo: si hay una audiencia, magnífico, y si no hay lectores, es triste. Pero continuaré escribiendo.

LC
En general, ¿sobre qué temas escribe usted?

EPT
Sobre mujeres, sobre los pobres que sufren, sobre la humanidad que sufre, porque creo que esta gente humilde tiene más humanidad que los que no sufren, con una capacidad de espíritu que transciende cualquier situación que pueda destruirlos. Escribo sobre la derrota de los pobres y sobre las razones por las cuales no pueden escaparse de esa derrota, del poder que encuentran en sus vidas derrotadas y sobre la destreza que tienen para buscarse unos a otros y amarse. Escribo sobre viajes espirituales, como en Trini, *una joven humilde. Ella no era una persona intelectual, ni tenía una mente desarrollada, pero ella emprendió un viaje, el de su vida, buscando algo más que un pedacito de tierra en la cual poder plantar semillas. Quiero que el lector descubra en esta joven simple la belleza y el valor para enfrentarse y resolver sus conflictos, el aprecio por las cosas más sencillas en la vida y su profunda capacidad para criar a sus hijos. Ella fue una mujer verdaderamente de la tierra. De hecho, el primer título que le di a esta novela fue el de* La mujer de la tierra. *También escribo acerca de dioses y de mitología. Con frecuencia echo mano de la mitología. Ciertamente me valgo del «realismo mágico», pero esto no es una cosa que yo hago consciente y deliberadamente. Esto es algo que me viene inconscientemente, por ser hispana, porque la psique mexicana o hispana acepta el milagro y*

la magia de lo desconocido. Esta es una de las cualidades maravillosas de los hispanos. También escribo sobre figuras históricas y feministas, como Sor Juana. Escribo sobre el barrio, sobre las mujeres y cómo ellas se enfrentan a sus conflictos y los transcienden. No escribo nada autobiográfico, pero, de algún modo, creo que escribo sobre mí misma, o sobre la mismidad que yo quisiera haber sido.

LC
¿Hay algún tema especial sobre el cual usted quisiera haber escrito, pero que no escribió?

EPT
No escribo autobiografías, solamente sobre personajes ficticios que normalmente están basados en otros individuos. Me gustaría poder escribir algo sobre el tema propio, sobre mí misma, pero soy una cobarde. No creo que tenga el valor para hacerlo. No sé si porque mis propias experiencias son muy triviales y monótonas, o porque soy tímida. Quizás sea debido a que cometí muchos errores en la vida, y no pude vivir con elegancia frente a esos errores. Quizás llegue el día en que saque todas mis experiencias personales y diga: «Esta es Estela Portillo Trambley». No tengo la menor idea si la gente pudiera aguantar un libro así, o no.

LC
¿Cree usted que hay temas prohibidos o demasiado delicados sobre los que usted o cualquier autor no debe escribir?

EPT
No, el arte debe ser libre para expresarlo todo. Sin embargo, espero que esto no incluya el material «desviado». Yo no creo que pudiera tratar lo referente a lo desviado, aunque ya lo traté en el drama The Day of the Swallows. *Tengo que confesar de que no sabía qué es lo que traía entre manos y, por consiguiente, me salió todo mal. En lugar de eso, traté de buscar la belleza en el ser humano, pero tiene que ser una belleza natural. Quizás sea yo un poco hipócrita, porque creo que el verdadero ser humano puede tratar sobre todo tema, incluyendo lo desviado. Para decir la verdad, yo no sabría cómo tratarlo, porque no tengo ninguna experiencia y comprensión de ello.*

Por otra parte, existen todos esos prejuicios socavados que uno puede reconocer como parte de uno mismo. Así que la razón principal por la cual yo no trato ese tema de la desviación es porque yo no entiendo nada de eso.

LC
¿Qué temas importantes no ha tratado la literatura chicana? ¿Por qué no?

EPT
No he leído toda la literatura chicana, pero he visto muy poco escrito sobre la clase media. Me he enterado, por medio de otros escritores, que no se puede escribir sobre ella, porque los chicanos que viven en la clase media se encuentran muy cómodos y, por tanto, su vida resulta descolorida y aburrida. Esto puede ser verdadero hasta cierto punto, pero no es cierto que haya tal cosa como completamente «cómodo». Los problemas de la clase media tienden a ser más sutiles y, en contraste, el sufrimiento de la clase pobre puede ser un sujeto de belleza para el escritor, porque hay mucho de generalización al decir que todos los pobres sufren de la misma manera. De nuevo, la palabra «desviado» me viene a la mente. Creo que hay mucho de «desviación» en la experiencia de la clase media que nunca se discute, porque la esconden muy bien. No tengo conocimiento de que exista literatura chicana sobre la clase media, pero, ciertamente, me gustaría ver más literatura sobre este tema y asunto.

LC
¿Cree usted que el escritor, en particular el escritor chicano, se encuentra libre para escribir sobre lo que quiera? Expresado de otra manera, ¿cree usted que el público o la sociedad le impone límites al escritor chicano?

EPT
Parte del público general impone límites al esperar que salga algo malo de la pluma del escritor chicano. El público, en general, está a la expectativa que el escritor chicano emplee lenguaje grosero, violencia y crítica contra el gringo. De hecho, la literatura chicana comenzó así. Tengo la impresión, sin embargo, que el público en general no lee mucho la literatura chicana. Una de las razones, como excusa, es porque esperan que

el chicano emplee mucho español, o que no entienden lo que contiene la obra, o que no pueden relacionarse a la experiencia chicana. No creo que el escritor chicano deba engañarse ante esta opinión. Uno escribe sobre lo que sabe, y el lector saca sus conclusiones. Ni el escritor debe preocuparse si lo que escribe va o no va a desagradar al lector por ésta o aquélla razón. Todo lo que debe hacer el escritor es qué clase de escritor es, cómo manejar el lenguaje y si tiene o no intuiciones y valores que se desarrollan en la obra, desembocando en un resultado positivo. No, yo no creo en poner límites. El escritor no debe permitirlos, ni permitírselos.

LC
En general, ¿siente usted la necesidad de escribir?

EPT
Sí, necesito escribir, tengo que escribir. Termino un proyecto y, después, me meto en otro. Acabo de re-escribir Rain of Scorpions, cuando estaba ya metida en mi novela Massiani. Tan pronto como la sometí al editor me sentía mal, y tuve que meterme en otro proyecto. Entonces comencé a re-escribir mi drama Sor Juana, que resulta ser el «show» de una sola mujer, y la razón es porque ya había re-escrito los otros dramas. Los dramas Black Light y El Puente Negro /Black Bridge los re-escribí, por lo menos, siete veces cada uno. Siempre estoy ocupada, escribiendo un nuevo proyecto o re-escribiendo uno viejo. Cuando termino una pieza, no necesariamente comienzo otra. En mi organización personal, a veces saco material nuevo del viejo. Primero lo pienso, lo aporreo y hablo sobre ese material. Después dejo que los personajes hablen y que hagan cambios que, a lo mejor, no entran dentro del plan que me tracé desde el principio, y que no es necesariamente el mejor. De este modo, cambio ciertas circunstancias, trabajándolas mentalmente. Es algo semejante a los nueve meses de embarazo. Vuelvo a manosear o digerir el trabajo, sueño con él y lo cambio muchas veces en mi mente antes de ponerlo por escrito. Sin embargo, y al mismo tiempo, estoy escribiendo otro proyecto [...]. Siempre estoy involucrada en algún proyecto y siempre lo estaré, porque es parte mía, soy yo fuera de mí misma. En este momento soy Sor Juana, y lo encuentro como algo maravilloso, porque, en el momento presente, me siento una mujer anciana con nietos. Los alimento, los regaño, los baño mientras me enfrento con mi hija de once años, que tiene la tendencia a ser mandona. En medio

de todo esto, tengo que ocuparme de todos los problemas de la vida, que son un tanto mundanos. De pronto, puedo apartarme de todo este ajetreo diario y me convierto en una heroína histórica. Esto me parece necesario en la vida, porque me hace sentir que soy una persona especial, y necesito sentirme así.

LC
¿Necesita usted algún lugar especial para poder escribir?

EPT
¡Esta sí que es una pregunta buena e interesante! Algunas veces la gente universitaria me invita, y me veo rodeada de hermosas casas y bellos jardines. Generalmente la anfitriona no escribe como yo. Es sencillamente una persona bien acomodada, y yo siento envidia. Y, de pronto, me doy cuenta que yo no podría escribir en un lugar así. Tengo que estar entre ollas, entre nietos, y entre ruidos y gente que me grita. Además de esto, tengo un trabajo a tiempo completo fuera de casa, de manera que tengo que buscar tiempo para escribir, por ejemplo, los domingos por la mañana. En fin, me doy cuenta de que escribo mejor bajo presión que si tuviera mucho tiempo libre y tranquilo. Y aún suponiendo que tuviera todo el tiempo libre que quisiera para escribir, y un lugar perfecto, como una lago con cisnes y un bello escenario, no creo que pudiera escribir. Creo que me volvería perezosa, y me entregaría únicamente al gozo. Pero trabajar bajo presión es la forma a que me acostumbré desde el principio. O sea, que trabajo y produzco más y mejor bajo presión. El único momento en que no escribo es cuando repaso, pienso, medito y creo yo misma mis personajes. Esto lo hago mientras manejo el carro o cuando estoy sentada en mi oficina, y no hay nadie. Es una oficina hermosa y pacífica, y me gusta estar allí. En esos momentos es cuando permito que mis personajes se formen y se desarrollen, y mis argumentos se vayan formando adecuadamente. Por tanto, yo no necesito esos lugares especiales que tienen otras personas. Puedo escribir rodeada de bullicio y de vida.

LC
¿Cuáles son los pasos preliminares en la gestación de su trabajo?
¿Controla usted esos pasos iniciales del proceso creativo?
¿Como diseña usted una obra nueva?

EPT

Acabo de describir cómo moldeo yo a los personajes, sobre qué clase de personas son o van a ser. He oído decir de algunos escritores que tienen tan bien desarrollado y creado un personaje que éste salta solo ante el autor y le dice a éste qué es lo que hay que hacer. Yo nunca tuve esa experiencia. Mis personajes se enfrentan a un conflicto de una manera dada, y después tienen que decidir y escoger entre varias opciones. Ellos tiene cierto control, pero porque yo los conozco muy bien, i.e., quiénes son, qué son, etc., y yo sé qué es lo que van a elegir. O sea, no son ellos los que me guían a mí ante lo que yo debo escribir, sino que se trata de una elección que ya está prefijada por mí, de acuerdo a sus propias vidas. Antes de escribir, ya tengo yo bien pensados a mis personajes. Como ejercicio, siempre uso bloques de papel amarillo y pluma. La primera vez que escribo, no puedo hacerlo en una máquina de escribir. Tengo que escribir a mano tres veces cada capítulo o acto, antes de decidir pasarlo a la máquina o la computadora. Una secretaria y tipógrafa me hace esto último. En ese momento preciso, el personaje más importante es el protagonista. Tengo que conocer completamente su personalidad integral, y que sus reacciones sean verdaderas y honradas. Sin esto, no podría yo escribir nada. Así que tengo un período de encubación antes de transcribirlo por escrito. Pero, después de ponerlo por escrito, entonces lo dejo de lado por algún tiempo, porque en el momento de escribirlo creo que es un personaje perfecto o una situación maravillosa. Así que lo meto en un cajón, y lo dejo descansar mientras hago otras cosas. Después de unas dos semanas, vuelvo a repasarlo cuidadosamente, y siento repugnancia. Me pregunto, ¿cómo pude yo haber escrito esto? Y la repugnancia me fuerza a retocar y refinar el capítulo escrito. Lo vuelvo a repetir dos o tres veces más. Este es, en pocas palabras, mi proceso creativo. No es un proceso simple y sencillo. Sin embargo, aún cuando reboso de alegría, a veces es un puro dolor. Mucho dolor.

LC

Cuando una obra está comenzada, ¿tiene usted el control completo?

EPT

Uno tiene que tener el control de los personajes. No puede dejar que se les desvíe o resbalen. Uno cree que el personaje lo controla, pero no, no puede ser. Se trata de un control consciente por parte del autor. El personaje hará ciertas cosas y, luego, el autor tiene que retroceder y pensar, ¿por qué ella, el personaje, hace esto o aquello, y cuáles serán las consecuencias de estas acciones? Y una tendrá que dejarle dos o tres alternativas. Pero es una cosa deliberada, una tiene que controlarla deliberadamente. Es como una carrera, uno controla el carro, el caballo, cualquier juego. Tiene que controlarlo para que tenga éxito. Me gustaría pensar, en fin, que mis personajes me controlan a mí y que escribieran mis obras, pero se trataría de un deseo irreal de mi parte.

LC
La obra de arte es una «creación». ¿Cuál es la función del creador o de la creadora?

EPT
Producir. De nuevo no me siento cómoda con la expresión «obra de arte». Pero, en fin, su función sería la de producir una obra de arte que añada algo a nuestra sensibilidad y a nuestra humanidad. Debe ser algo que eleve y transcienda nuestras exigencias y nuestros deseos mundanos. Me gustaría decir que la obra de arte prueba que los seres humanos están hechos de un material refinado y que podemos hacer cosas que, como seres humanos ordinarios, no hacemos. Sé que usted estará pensando que algunos de mis personajes son asesinos, pero matan con fineza y calidad, y por causas humanas y nobles. Sus disculpas o justificaciones son legítimas y, en algunos casos, hasta sinfónicas.

LC
¿Cuánto de «pura ficción», cuánto de «realidad o experiencia personal» y cuánto de «experiencia colectiva chicana» hay en sus obras, y en qué proporciones?

EPT
Todas estas cualidades o elementos se encuentran en mis obras. La experiencia personal es algo que se crea. Yo no saco estas experiencias de mi vida real. Pensándolo bien, sí, son experiencias personales, por ejemplo, cuando una mujer sufre soledad, pobreza, ama a los niños, la importancia de la crianza, el amor a la tierra y el aprecio de las cosas más simples y pequeñas. Todo esto forma parte de las experiencias de mis personajes.

Todos los elementos mencionados en la pregunta son necesarios para escribir una historia, excepto en lo tocante a «la experiencia chicana», por el simple hecho de que no todos los cuentos y escritos míos tocan el tema y experiencia chicanas. La ficción pura implicaría argumentos e historias que fueron totalmente inventadas. Por ejemplo, Peter Pan *o «en tierras que nunca existieron», en donde todos los aspectos del cuento no tienen nada que ver con los seres humanos. Ficción pura también quiere decir crear algo que no es autobiográfico. Tiene que ver con la creación de un reino o un mundo que puede ser ficticio de tal manera que, aunque real, es ficticio en las relaciones interpersonales de los personajes y en sus circunstancias particulares. Tomemos, por ejemplo, el uso del realismo mágico. ¿Por qué sale o emerge de nosotros sin esfuerzo alguno? La cualidad mística del milagro que se encuentra en todas mis novelas, en todas mis obras, especialmente en* Trini, *eso sería pura ficción. Es pura ficción, porque no sabemos lo suficiente acerca de este realismo mágico. Es parte de lo desconocido, es el oscuro lado de lo desconocido que no comprendemos, por eso se le llama milagro o mística. Por eso lo conocemos intuitiva e instintivamente. Por lo menos, las mujeres lo sentimos y lo conocemos. Y por esta razón es pura ficción, porque es algo que no podemos decir que ocurra en la vida ordinaria. Y la experiencia real, la experiencia vital puede ser ficción pura en el sentido de que la experiencia vital es la que amplía al personaje o que le otorga dimensiones más amplias. En pocas palabras, todos esos elementos son necesarios y son parte de la historia en la obra. La ficción, a veces, se yuxtapone a la realidad, y los escritores que dicen que están escribiendo ficción, porque sus personajes son ficticios, lo que están haciendo en realidad es escribirse a sí mismos dentro de los personajes. Pasan por una experiencia profunda, como una experiencia vital interna, y después se la pasan a la protagonista, si la protagonista es una mujer, y si una mujer está escribiendo. No creo que una mujer pueda meterse dentro del pellejo de un protagonista masculino, por ser mujer. Lo contrario también es cierto en el caso de los hombres. Trataron de meterse dentro del pellejo de las mujeres, pero no creo que lo hicieran bien.*

LC
En sus obras, ¿qué relación ve usted y qué porcentaje le da en términos de forma artística y de contenido temático?

EPT
Si por «forma artística» quiere decirse el conocimiento del «oficio» de escritor, tendría que contestar yo que no hay «una forma única». Estando consciente de su oficio, y ejecutando bien y técnicamente la obra--como seguir fielmente la regla que dice que ésta es la manera correcta de crear a un personaje--en esto consiste el conflicto, estas son las acciones que se presentan, estas son las acciones concluyentes, esta es la estructura, todos estos elementos son muy necesarios cuando se escribe en un formato tradicional. La estructura, por ejemplo, es esencial a una novela que describe la historia de un ser humano que se enfrenta a un antagonista que es capaz, a su vez, de enfrentarse, destruir o trascender a ese antagonista. Virginia Wolf, por otro lado, a veces emplea «el fluir de la conciencia» en sus obras. Y parece como si ella tomara varias direcciones con esta técnica. Así que uno tiene que preguntarse, ¿en dónde están los hilos que dan unidad a su obra? Usted no podrá verlos fácilmente, pero llega a la conclusión de que ésta es la naturaleza artística de Virginia Wolf, la de tomar varios caminos. Ella se encuentra, de esta manera, en su medio ambiente. Yo, no. Yo empleo mi oficio para construir una forma artística que vaya a un lugar previsto, en particular, buscando alguna conclusión. Yo no estoy consciente de esto mientras lo estoy haciendo. Más tarde, escrutino mi obra con ojos críticos y yo, como yo misma, me pregunto, ¿me he desviado, es vaga, es verídica, es honrada? Y, algunas veces tengo que contestarme: no, no es. Entonces, vuelvo sobre el trabajo, y lo rehago. De manera que, en medio de todo, me detengo y, con ojos críticos, determino si voy bien o no. Estoy muy consciente del tema, de la forma y de la estructura, pero no soy terca e intransigente sobre la forma que la obra debe tener. Dicho de un modo simple, escribo una obra o un cuento sin cambiarlo demasiado. Después, más tarde, me distancio de ella y la examino para ver si tiene todos esos elementos.

LC
Cuando usted escribe, ¿que le influye más, lo consciente o lo inconsciente?

EPT
Si uno está influido por el consciente, tiene que tener una sensibilidad enorme, y el uso completo de los sentidos. Tiene que extraer los sentimientos de la gente con mucha perspicacia. Y esto es una cosa muy difícil de hacer.

Creo que es mucho más fácil dejar que las ideas broten del subconsciente. Y realmente fluyen con facilidad. El subconsciente se presta muy bien a los problemas que se presentan al protagonista. También enriquecen al consciente, pero, si uno escribe sobre la vida, tiene que tener mucho cuidado para indicar que ése es el mundo del consciente, la realidad misma y las reacciones de esa realidad que pasan del trasfondo a la superficie o primer plano. Yo empleo ambos, pero me gusta usar más el consciente. Una de las razones por las cuales no fui muy buena dramaturga es porque usaba mucho el consciente. Es muy cómodo dejarse caer en el subconsciente, simplemente porque hay mucho material en esa fuente.

LC
Después de que una obra está terminada, ¿se ve usted reflejada en ella? ¿Puede verla como su propia «creación» o como algo fuera de usted?

EPT
Lo que yo escribo, soy yo, una versión diferente de mí misma. Uno de mis otros «yoes». De nuevo tengo que decir que es una forma terapéutica, en el sentido de que puedo sentir algo muy diferente de lo que experimentamos en la vida diaria. Yo no veo ni considero mis obras como algo fuera de mí, o como algo que Dios regaló al mundo. Yo no soy ninguna artista mesiánica. Yo solamente sé que acabo de escribir una obra sobre una protagonista que es mejor que yo, más seductora que yo y más sobresaliente que yo. En otros términos, ella puede hacer todo mejor que yo. Esto me otorga un gran placer, especialmente cuando una sabe que no puede, como persona, alcanzar ese nivel alto. Pero el escritor puede alcanzar esto y más a través de sus personajes. Y esto es exactamente lo que yo hago. Y una vez que la obra se terminó, yo digo: «Esto soy yo».

LC
Una vez que la obra se ha «desprendido» de usted, ¿siente como si una parte integral de usted se ha perdido o, por el contrario, que usted ha acumulado o ganado algo en el proceso?

EPT
Definitivamente, sí. He ganado algo en el proceso. El desarrollo de la protagonista fue mi propio desarrollo, y sus experiencias son mis experiencias, añadidas a las dimensiones que existían ya. No he perdido nada. Lo gané todo.

LC
¿Le gustaría añadir algún otro comentario sobre usted misma, sobre sus obras, sobre los críticos, sobre los lectores?

EPT
Espero que mi libro Rain of Scorpions, *es decir, la nueva versión, sea leída por muchos. Es una novela que fue ignorada por casi todos, allá por los años '70. Leyeron otros cuentos cortos míos, pero* Rain of Scorpions *nunca fue analizada ni criticada. Por una parte, me alegro de ello, porque estaba muy mal escrita. Pero espero que alguien la lea ahora. Ya se han hecho algunas reseñas sobre esta nueva versión, bastante buenas, de manera que espero que el público la lea, porque trata de la sabiduría y de la prudencia.*

La problemática conflictiva entre el *animus* y el *anima* en *The Day of the Swallow*[9]

En toda la teoría psicológica y psicoanalítica de Carl Jung hay un elemento que pertenece a la psicología de base, o el inconsciente, tanto personal como colectivo del ser humano, al que él denomina con el término de *animus*. Está arraigado y es parte esencial no sólo de la psique individual, sino que forma parte integral del inconsciente colectivo. Tanto es así que, de acuerdo a Jung, parece ser que este *animus* es el arquetipo más complejo del ser humano. Se equipara a la «imagen del alma» o *élan vital* bergsoniano, que no es otra cosa que la energía vital que da sentido a la vida. El *animus*, en el sentido tradicional, y relacionado al sentido que le da Jung, no es otra cosa que «aquello que da vida al hombre, que vive de sí mismo y causa la vida» (*Archetypes and the Collective Unconscious*).

Tanto en latín como en español, el término *animus* es masculino, y es aquella parte que se le describe como la imagen masculina perteneciente la mujer, que se proyecta sobre el hombre. Puede decirse, pues, que el *animus* es la parte contrasexual que la mujer lleva en su psique, la imagen del sexo opuesto que conlleva tanto el inconsciente personal como el colectivo. Podemos, entonces, afirmar que el ser humano es, psicológicamente hablando, bisexual, teniendo en cuenta, sin embargo, que en la mujer la dosis del *anima* es mucho más grande que la de su *animus* y que, a la inversa, en el hombre la dosis de *animus* es mucho más elevada que la de su *anima*. Como consecuencia, y sacando ya alguna deducción de esta teoría junguiana, podemos asegurar que, así como biológicamente el hombre y la mujer se atraen el uno al otro físicamente, también se atraen uno al otro psicológicamente.

Echadas estas bases fundamentales, podemos ya adentrarnos poco a poco en nuestro estudio. Esta atracción mutua, debido a la bisexualidad del ser humano, hace que, en una porción muy elevada se establezca una relación de complementaridad que hace posible la relación necesaria en la comunicación verbal, de discurso y de atracción y repulsión dentro del encuadre general de la comunicación. Nos aventuramos a afirmar, de este modo, que la interacción de los personajes no nos interesa tanto por *lo que* dicen, ni *cómo* lo dicen, sino por qué lo dicen. En otras palabras, ¿qué es lo que hace que se lleve a cabo esa interacción entre los personajes a todos los niveles? ¿Es porque nos interesa el cambio de ideas? ¿O es, más bien, por la necesidad de un discurso no tanto «lógico» e ideológico, i.e., del consciente, sino por una interacción «ilógica» i.e., del inconsciente. En términos coloquiales, ¿no será a caso que la razón por la cual los personajes se comunican es por la necesidad de una interacción oscura, emotiva y pasional, más bien que por una dilucidación al nivel de las ideas? Nos parece ver aquí un conflicto entre el nivel descarnado anónimo y frío de la comunicación racional vis-à-vis un nivel más profundo, personal y vital, que es la región «ilógica» (pero muy vital) del mundo psicológico del inconsciente.

El hecho interesante para nosotros en la interacción de los personajes en el drama *Swallows*, no es al primer nivel mencionado antes, a saber, el consciente, porque a este nivel de la «lógica» hay muy poco en el drama. La parte interesante en esta interacción de los personajes radica en el trasfondo complejo de las emociones, que no se pueden comunicar al nivel lógico de la conciencia. Por tanto, desde el punto de vista del arte, en este drama tenemos que hacer uso no de la técnica formalista, al nivel del discurso lógico, literario, sino más bien al nivel de la proyección psicológica del mundo oscuro del inconsciente. Entonces, de acuerdo a Jung, este mundo oscuro del inconsciente, que trata de proyectarse al nivel consciente, puede hacerse solamente a través de cuatro medios: los sueños, las proyecciones psíquicas, los símbolos y el arte. Aunque diferentes en sí, estos cuatro medios participan de una cualidad: que por medio de los cuatro, y solamente por ellos, el inconsciente ilógico toma forma más o menos racional. Es evidente que nosotros nos ocuparemos del cuarto vehículo, o sea, cómo a través del arte dramático la autora hace que sus personajes «proyecten» verbalmente los sentimientos más profundos de su psique para establecer una relación de comunicación y discurso más o menos racional.

El factor *animus* es bipolar y aparece tanto en su aspecto positivo como negativo. Según Jung, aunque parezca extraño, el *animus* es de naturaleza arquetípica y, por tanto, pertenece al substrato de la psicología colectiva, aunque funcionalmente se revele a través de la psicología individual. Es interesante notar en los dos personajes principales del drama *The Day of the Swallows* --Josefa y Alysea-- cómo se manifiestan estos dos aspectos del binomio *animus* en doña Josefa. El aspecto negativo aparece en ella en su forma absoluta o incontaminado por el aspecto positivo, mientras que, en

Alysea, observamos lo opuesto. Para ello recordemos dos pasajes, que no son otra cosa que el mismo objeto sobre el que se vierten los *animus* (*animi*) de cada una de las protagonistas. Nos referimos al joven Eduardo, sobre el que recaen los dos *animus* (*animi*) de las dos mujeres. Para Josefa, la devoradora de hombres, Eduardo, como hombre, debe evitarse a todo trance.

> The way you men justify the word «love» doesn't it really mean... take?... destroy? [...]. You make a dream a deadly game [...]. How easily you put her [Clara] out of your life [...]. You men explain away your indiscretions so easily... after all, you make the rules and enjoy the abuses [...]. When men has been fair to women? [...]. Men's love is always a violence (164-5).

Para ella, el joven indio, que vive de acuerdo a las leyes naturales y cósmicas, es un objeto peligroso para la mujer. Eduardo se enamora a primera vista de Alysea, como se había enamorado antes de Clara. Para él, como para Clara, y más tarde para Alysea, el amor (proyección del *animus* femenino) es una cosa normal, por ser natural. Brota de la psicología profunda del inconsciente. El amor, que no es otra cosa que la proyección del *animus* proyectado en el objeto amado (Eduardo), es, por tanto, un fenómeno inexplicable y misterioso, porque nace de un origen oscuro que es el inconsciente, a la vez personal y colectivo. Los tres, en diferentes ocasiones, proclaman que el amor no se razona, el amor es algo instintivo y natural, por tanto hay que tomarlo cuando llega. Dice Eduardo «there's no guilt in love/no puede haber culpabilidad en el amor» (164). Hablando la experimentada Clara con la novata Alysea, le dice aquélla a ésta: «You don't have to reason love, my God! What love there is... you take... don't reason it away... you take it!. Love is always fair just because it is» (171-172). En un diálogo que entablan Josefa y Clara sobre el amor que ésta le tenía a Eduardo, leemos

> *Josefa*: Men don't love... they take... haven't you learned that by now?
> *Clara*: Oh, Josefa... you are wrong... you are wrong... a woman was made to love a man... to love is enough for a woman... if only they would let us love them without negating, without negating (173).

Vemos pues que tanto los *animi* de Alysea y de Clara, como el *anima* de Eduardo, siguen su curso natural, que no es otra cosa que el de la entrega y captación recíprocas. En estos tres casos se manifiestan las contrapartes sexuales del *animus* y del *anima*, respectivamente, en su aspecto o forma positiva. En el caso de Josefa, por el contrario, la función y proyección de su *animus* toma la forma negativa. Hacía más de veinte años que su *animus* o la parte contrasexual de su psicología profunda (*animus* arquetípico) había quedado congelado, imposibilitado y distorsionado con la experiencia que tuvo cuando unos niños (varones) derramaron la sangre de una golondrina sobre su inocente cuerpo.

> When I was seven... the swallows came.... They came one hot dry dawn... and continued all day... on the edge of the desert that still hotter afternoon.... I saw noisy boys with desert time on their hands... playing.... I watched the play become violence... they were catching birds... now it became killing... they stoned them... plucked them... laughing with a fearful joy.... The sand was a sea of dead birds.... I... I... couldn't stand it.... I ran... I hit them.... I said, «Stop, stop».... They laughed; then for a joke... for a joke they said... they held me down, the burning sand against my back.... In spite of all my terror, I openend my eyes.... A boy... a big boy... held a swallow over me; he took a knife... cut the bird.... Oh, God! so much blood, all that blood. It spilled... spilled into my face... ran into my mouth... warm... warm..., salt warm.... Was it my tears? my blood? (182-3).

Parece ser que, clínicamente hablando, se produjo una rotura de orden natural en su psicología, obcecando y paralizando el curso natural en la proyección de su *animus*. El *animus* de la niña Josefa debería de encontrar su encaje apropiado en su relación inconsciente con los niños (varones) de su propia edad. Pero ese incidente ritualístico cortó ese flujo normal, proyectándose así negativamente, y años más tarde, sobre el hombre, todo hombre. De modo que, para ella, todo hombre que deja correr o fluir naturalmente a su *anima* hacia el sexo opuesto no lo hace por motivos de «entrega», sino por motivos de «captación». Vemos, pues, al nivel del análisis consciente, una posible situación normal que se convierte en una distorsión antinatural y, por tanto, peligrosa.

Creemos que Josefa padeció de «rotura» animística interna desde muy niña. Necesitaría de una curación clínica, a la cual ella nunca se sometió. Pero creemos que, aunque se hubiera sometido a un tratamiento psicoanalítico, no hubiera tenido efecto, porque, según la teoría psicoanalítica, el paciente tiene que colaborar y tiene que querer resolver el problema de la «rotura». El caso de ella era tan patológico que no podía aguantar la presencia de los personajes dramáticos masculinos, incluyendo a un interventor. Tomás, su tío carnal, era para ella una piltrafa de hombre: es «her [Josefa's] shiftless uncle/un hombre inestable» (155), «a beggar/un pedigüeño» (156), «a good-for-nothing-uncle/un hombre bueno para nada o inútil» (157), «you are distructive and pitiful/eres ruinoso y despreciable» (169), "cunning and sly/astuto y taimado" (180). Tanto era su obsesión contra el sexo opuesto (léase su propio *animus*) que incluso se creía que Tomás estaba acechando siempre para ultrajar a su amiga Alysea. Don Esquinas, el propietario de la única hacienda del pueblo, y esposo de Clara, le parecía un hombre desprovisto de todo afecto humano y era también un explotador materialista. De él (y a él) le dice Josefa, en referencia a su esposa Clara: «I tell you... you men never listen.... She wanted you to love her.... She knew all about your women.... She wanted a baby.... Which of your bastards are you going to choose as your heir?» (179). A Eduardo lo consideró como el «ladrón» que se llevó a Alysea (su *animus* distorsionado). Josefa, haciendo suyas las palabras de Santa Teresita, acusa a Eduardo y a todo hombre diciendo: «El hombre toma... toma y hiere, la flor desnuda y temblorosa»(159). También lo acusa de ser oportunista en materia de amor:

> The way you men justify the word «love» doesn't it really mean... take?... destroy? [...]. You make a dream a deadly game [...]. How easily you put her [Clara] out of your life [...]. You men explain away your indiscretions so easily... after all, you make the rules and enjoy the abuses [...]. When men has been fair to women? [...]. Men's love is always a violence (164-5).

Y al padre Prado, a pesar de que ella misma le tenía un afecto vago y nebuloso a causa de su función sacerdotal, lo percibía, sin embargo, como un ser muy humano, bonachón, inocente y simplón. Ya Alysea le decía a su novio, el indio Eduardo, que el Padre Prado era muy comprensivo: «Father Prado understands your [Indian] God too. At confession I told him about not attending Mass because we go exploring... to find the tallest pines.... I told him about your God.... He smiled and told me I had found a hollier temple» (161). Josefa se dirige frecuentemente a él de la siguiente manera: «Father... you are my kindred spirit... the oasis in the middle of the desert», «The way you work for the barrio people! Every church festival is such a chore for you.... You work yourself to death» (184). En las acotaciones leemos: «[Father Prado] kisses her on the cheek», «Father remains silent», «He sits down and places his head in his hands.... She [Josefa] is full of concern. She goes to confort him», «Father Prado with tears in his eyes... strokes her hair in silence». El mismo Padre Prado, después de oír a Josefa narrar el crimen cometido contra el joven David y la preocupación que ella tenía de que la gente se enterara de su lesbianismo, repetidamente expresa su incredulidad y sorpresa al darse cuenta de que él mismo no se hubiera percatado de que la piadosa Josefa fuera capaz de un crimen y de su lesbianismo. Lo resume de la siguiente manera:

> I don't understand... I don't understand why I... I didn't see... detect what was happening to you. I'm an old fool.... Forgive me, my daughter, I have never really seen you.... I pride myself in knowing you so well.... I claimed I loved you... how blind... how blind (189).

De interés para el lector, dentro de estas relaciones complejas desde el punto de vista psicológico, es la breve relación entre doña Josefa y Eduardo, el primer novio de Alysea. En un diálogo interesante, que se lleva a cabo en la segunda escena del primer acto, podemos entrar dentro de la psique de doña Josefa y observar los resortes psicológicos que explican parcialmente la «rotura» de la cual sufre. En un momento, en donde el joven Eduardo habla de los talentos y hermosura de doña Josefa, ésta le pregunta: «Do you think me beautiful?/¿Te parezco bella?». Eduardo le contesta afirmativamente. Josefa salta de golpe a la conclusión diciéndole: «you are making love to me/ me estás enamorando» (166). Se hace interesante esta expresión porque revela la potencialidad del aspecto positivo del *animus* de doña josefa. Puesta esta expresión en el contexto general de la obra y del diálogo, el lector percibe un rescoldo de aquel elemento positivo de su *animus* que su dueña, doña Josefa, lo reprime y lo ahoga, porque, momentos antes, ella le había dicho: «The way you men justify the word «love» doesn't it really mean... take?... destroy?» (164). No cabe duda que doña Josefa está plenamente convencida de que la función del *animus* femenino es un factor positivo porque ve el efecto trascendental y de plenitud en la relación vital entre Alysea y Eduardo. Pero al nivel del inconsciente, doña Josefa no puede percibir su *animus* como benefactor en esa relación. Está obcecada a causa de la «rotura» en su psique.

Aunque nuestro análisis está hecho a base de un encuadre psicológico, no podemos menos de hacer unas observaciones de tipo ético y moral. Nos referimos al tercer acto, o sea, al final del drama, momentos antes del desenlace trágico. Se trata de la visita que el padre Prado le hace a petición de la propia doña Josefa. Hasta este momento, el acto cruel que ella cometió al principio del drama, a saber, la mutilación del niño David, ha quedado oculto al conocimiento de todos los personajes del drama, excepto de Alysea. Moralmente hablando, doña Josefa no puede tolerarse más a sí misma. Pide confesión. Pero la cosa sorprendente al nivel consciente es que ella no está «arrepentida». La dialéctica entre la psicología y la moral, o más bien entre los resortes psicológicos y los valores morales, son de sumo interés: una dama admirada por toda la gente y por el mismo sacerdote del pueblo, a causa de sus «virtudes» --ella misma parece ser piadosa-- no puede arrepentirse (acto moral), a causa de esa «rotura» psicológica de la que venimos hablando. Al nivel de la conciencia, ella ejecuta un acto moral (el de la confesión) que, al nivel del inconsciente psicológico, lo contradice, a causa de esa rotura. Dos fuerzas antagónicas --el consciente y el inconsciente-- que impiden una síntesis y que no puede resolverse al nivel de la lógica o del consciente. La única solución parece ser la que ella toma: el suicidio.

Para concluir, quisiéramos hacer notar que, dada esta complejidad de la psicología de base de doña Josefa, debido a la rotura psíquica de la que hemos hablado --el desfuncionamiento de su *animus* arquetípico--, la relación entre los personajes se hizo imposible. Decimos «de los personajes», porque ella fue siempre el centro alrededor del cual giraban todos ellos. Y como centro que era, se sigue lógicamente que el trasvase de la comunicación dramática de los personajes al nivel del consciente se hizo imposible, debido a la «rotura» psíquica del inconsciente. Quizás por esto mismo el lector se sienta incómodo al ver que no solamente al final, sino durante toda la lectura del drama, no había posibilidad de contacto entre los personajes.

La función de la *shadow/sombra* y de la *persona* en la protagonista doña Josefa en *The Day of the Swallows*[10]

Con el advenimiento de la psicología moderna en la primera mitad de este siglo, se ha introducido y desarrollado en el quehacer crítico literario un acercamiento que se ha denominado arquetípico, mítico o totémico. Recibe estos diversos nombres porque, debido a sus variados orígenes, tiene un punto de contacto con la psicología, la antropología y la etnología. Estamos conscientes de que este acercamiento teórico al texto literario ya se le considera dépassé. Sin embargo, creemos que, como en las modas vestuarias, lo dépassé, o antiguo, no necesariamente carece de utilidad y validez.

Siempre nos ha interesado en la lectura y estudio de la obra literaria la presentación, el dinamismo y los motivos por los cuales los personajes actúan, se mueven, discuten y se comunican. En otros términos, uno se hace la pregunta de por qué es tan importante no sólo el discurso literario del autor/narrador, sino de lo que se ha venido llamando el parlamento de los personajes en el drama/teatro. Ya entrados en este tema, nos preguntamos cómo acercarnos a estos personajes. Claro está que en el análisis literario hay otras posibilidades y otras facetas que nos interesan, como, por ejemplo, la escenografía, el utiliario y todo lo que no es el texto dramático, i.e., aquello que no entra dentro del discurso de los personajes, sino que complementa el parlamento de éstos.

Restringiéndonos en nuestro análisis a la substancia del texto, o sea, a lo que dicen los personajes y cómo lo dicen, hay otro aspecto que, para nosotros, es de mayor importancia, y es el *por qué* lo dicen y *cómo* lo dicen. Enfocándolo o aproximando la lente, nos interesa sobre todo qué es lo que hace que los personajes se comporten de la manera como se comportan. Naturalmente, aquí nos adentramos en el aspecto limitado, como cualquier otro, de la psicología. Al hablar de psicología en la obra literaria nos metemos en un campo muy complejo, tan complejo como complejas son las psiques de los individuos.

Hace tiempo que hemos leído por primera vez *The Day of the Swallows*, de Estela Portillo-Trambley y desde de entonces, debido al interés y al enigma que despiertan en el lector la personalidad y actitud de algunos de sus personajes, hemos vuelto a leer y releer este drama intrigante. Nos preguntamos de nuevo por qué actúan y se comportan de manera tan inusitada dichos personajes, sobre todo doña Josefa. Hemos tratado de darle respuesta a ese enigma, aunque sólo sea de una manera parcial.

Nuestro breve análisis está basado en la teoría del famoso psicólogo suizo, Carl G. Jung. Esta teoría, basada en la experiencia clínica de este gran académico, y que durante tanto tiempo fue desarrollada por él, es, como debía esperarse, muy extensa y compleja. Nosotros tomaremos aquí un aspecto muy limitado de la misma. Se trata de una faceta o componente de la psicología del ser humano: lo que él ha denominado *«the shadow/la sombra»*. En términos generales, según la concepción de Jung, la psicología humana se divide en dos grandes componentes: el consciente y el inconsciente, correspondiéndole al primero la parte diurna, la de la lógica o clarividencia, y, formando parte del segundo, los elementos de la *sombra*, del *animus*, del *anima* y de la *persona*, todos ellos radicados en los arquetipos y, por tanto, procedentes del inconsciente. Estos elementos no son estáticos, sino que, por el contrario, contienen una gran dosis de actividad psíquica. Según Jung, por medio del vaivén de estos elementos psíquicos, el ser humano se desarrolla gracias a lo que él llama el «proceso de individuación», que no es otra cosa que el de maduración. Como habíamos indicado antes, nos limitaremos al factor psíquico, denominado por él *«the shadow/la sombra»*.

Es interesante notar cómo en este «proceso de individuación», o desarrollo de la personalidad, el ser humano/personaje dramático proyecta elementos del inconsciente sobre un objeto o persona fuera de sí mismo. Esta proyección, tan frecuente por parte de la persona/personaje, dice Jung, va contra dicho proceso. En lugar de que la conciencia lo asimile para sí mismo, la persona/personaje lo proyecta *hacia fuera*. En términos caseros podría decirse que es el culpar a otra persona de ciertas cualidades subdesarrolladas o negativas que nuestra propia psique no quiere aceptar como propias. Esta transferencia es muy perjudicial para la persona/personaje, porque impide que uno se enfrente conscientemente con sus propias flaquezas, por tratarse de aspectos negativos de la personalidad de base, i.e., del inconsciente personal y colectivo. Habría que anotar también aquí que este componente estructurador de la psique humana ha sido heredado, como heredados son también los instintos de los animales o, comparativamente hablando, las características biológicas del cuerpo humano.

Acercándonos un poco más a su aplicación a la literatura, teniendo en cuenta varios de los términos mencionados, podemos ver cómo el lector descifra en los personajes famosos su propia proyección psicológica. Por ejemplo, el héroe viene representado por el componente psíquico llamado *persona*, la heroína por el componente *anima* y el villano por el componente *sombra/shadow*. Como ya se desprende de aquí, vemos que los componentes *anima* y *animus*, aunque bivalorativos, caen más bien dentro de los valores positivos, mientras que la *sombra/shadow* parece ser siempre la parte negativa y displicente del inconsciente, del *sí mismo/self*.

Según Jung, la *sombra/shadow* «es la cola invisible del reptil que el hombre todavía arrastra detrás de sí» (*Pyschological Reflections*). En términos generales, la figura que representa más comúnmente a la *sombra* es, como podría esperarse, el diablo o todo lo diabólico, es decir, lo negativo. En palabras de Jung representa, pues, «el aspecto dañino y peligroso de la mitad negativa y oscura e irreconciliable de la personalidad» (*Two Essays on Analytical Psycholoy*).

Expuesto ya un poco el trasfondo teórico, nos vemos en la necesidad de presentar, aunque sea brevemente, el argumento o fábula del drama *Swallows*, enfatizando algún pasaje que tiene que ver directamente con lo que acabamos de exponer, i.e., el componente psicológico de la *sombra/shadow*. El argumento comienza con el último día en la vida de doña Josefa, la protagonista central. Tanto los personajes como la escenografía del drama giran alrededor de dicho centro. Más todavía, no solamente el parlamento de los personajes, sino sus múltiples facetas están en función de la psique de doña Josefa, la protagonista principal de treinta y cinco años de edad, que vive en una casa que se supone le fue heredada por sus antepasados. La casa es la proyección supuestamente exacta de lo que ella hubiera querido que fuera su psicología de base. Decimos «supuestamente», porque, en realidad, es lo contrario de lo que ella es en su esencia psicológica o psicología de base. Por «esencia» psicológica nos referimos a la parte inconsciente de su psique. Esta proyección, producto que vemos en el utilitario, es impecable e inmaculado.

> Josefa's sitting room; it is an unusual beautiful room, thoroughly feminine and in good taste; the profusion of lace everywhere gives the room a safe, homey look. The lace pieces are lovely, needlepoint, hairpin, limerick, the work of

> patience and love [...]. The room faces south, so it is flooded with light; the light, the lace, the open window all add to the beauty of the room, a storybook beauty of serenity (152).

Aquí observamos lo que Jung llamaría la «rotura» psicológica, o sea, el desajuste entre lo que doña Josefa es y lo que quisiera/pudiera haber sido. En otras palabras, se trata de una proyección de la *sombra* a la inversa. Queremos enfatizar esta idea, porque esta proyección es la de doña Josefa hacia los objetos materiales, una proyección fabricada en el inconsciente. En este caso estamos hablando más bien de una *sombra* transformada en *persona*, pues la persona no es sino la parte psicológica del *ego*, proyectada en el contorno social, que viene a ser la *máscara* del actor en sociedad.

El drama comienza un día muy temprano por la mañana. Alysea, la joven muchacha que vive con ella, había sido rescatada por doña Josefa en su primer día de vida en un prostíbulo. Durante la noche, mientras las dos estaban ejecutando un acto sexual lesbiano, David, el niño también rescatado por doña Josefa del maltrato recibido por su padre, queda aterrorizado ante esa escena. Por mandato de doña Josefa, Alysea se hace cómplice de la tortura y del acto brutal, cortándole la lengua al niño.

> Oh, Father... I went back to where Alysea was holding the frightened child... then... then I made Alysea hold him tight. Father, it was not her fault!... she drowned in my agony... she trusted me... what else could she do? (188).

Doña Josefa tiene que mantener su *persona*, es decir, la *máscara* social o, para expresarlo en otros términos, la proyección de su *sombra/shadow*, fabricada por su consciente.

> I took the knife and cut David's tongue [...]. I was silencing the world from reprimand [...]. I felt no guilt... all I knew... the life I had... the faith of the barrio people... this house of light... must be preserved.... I silenced all reprimand with my terrible deed (189).

Naturalmente, esta máscara/*persona*, creada por la heroína, encubre la verdadera *sombra* que surge del inconsciente, no fabricado por ella. Además de estos tres incidentes graves en la vida de doña Josefa, encontramos la raíz fundamental que, en términos de la psiquiatría moderna, explican estas acciones: la experiencia que tuvo de niña a los siete años, cuando un grupo de niños realizaron lo que ella interpretó como un ritual, o «misa negra»: desangraron a una de la golondrinas y vertieron la sangre sobre su cuerpo.

> When I was seven... the swallows came.... They came one hot dry dawn [...]. I saw noisy boys with desert time on their hands... playing.... I watched the play become violence... they were catching birds... now it became killing... they stoned them... plucked them... laughing with a fearful joy.... The sand was a sea of dead birds.... I... I... couldn't stand it.... I ran... I hit them.... I said, «Stop, stop».... They laughed; then for a joke... for a joke they said... they held me down, the burning sand against my back.... In spite of all my terror, I openend my eyes.... A boy... a big boy... held a swallow over me; he took a knife... cut the bird.... Oh, God! so much blood, all that blood. It spilled... spilled into my face... ran into my mouth... warm... warm..., salt warm.... Was it my tears? my blood? (182-3).

Desde ese momento, doña Josefa concibió el elemento masculino como inherentemente malo. Es un factor o elemento que a todo trance hay que evitar e, incluso, destruir. De ahora en adelante, todo el «mal» en el mundo es causado por el hombre. Hombre y mal son las dos partes del binomio que equivalen a destrucción. Aquí vemos el origen de todas las proyecciones inconscientes que doña Josefa va a lanzar contra todo lo masculino que le rodea.

Es interesante notar que, incluso la Mujer (cualquier mujer), que tenga o pueda tener relaciones de simpatía psíquica o social con el Hombre (cualquier hombre) se ve *ipso facto* contagiada y contaminada de esa maldad masculina, según doña Josefa. Consiguientemente, es despreciado por ella, por no entrar en los planes de su «visión pura» del mundo, i.e., de su proyección fabricada por el consciente, que, como habíamos indicado antes, va en contraposición a la proyección surgida del inconsciente.

Al hablar de «proyección psicológica» tenemos que meternos irremediablemente por el sendero de la moral, porque no cabe duda que doña Josefa, la heroína del pueblo, por su supuesta piedad religiosa, tiene que proyectar, es decir, justificar sus proyecciones de la *sombra*, transformándolas en valores religiosos.

> *Father Prado*: You must give me a chance... you do so much for the church, for me... now let me do something for you.
> *Josefa*: I finished the boy's surpliices for tomorrow.
> *Father Prado*: See what I mean? Your lovely little hands produce such

lovely wondrous things for us. And this place! A sanctuary... who would think? (185).
1st Boy: Yeah... Father Prado said she was like the silence of the cathedral... An you know those galss-stained windows?
2nd Boy: Yeah....
1st Boy: That's her soul.... (192).

Este pivote o eje en el que se conjugan un hecho real psíquico, como la proyección, y un valor moral, es el centro de equivocación por el que doña Josefa va a sufrir la «rotura», que le llevará fatalmente al suicidio.

Clemencia: Josefa!...Where are you? Mmmm... where could she be? Everybody's waiting [...]What is that... floating in the lake? Mmmm...looks like a girl dressed in white... Thar's foolish! It is too early for the Bathing of the Virgins [...] Yes... it is a body! A body floating in the lake....I'm sure of it(192-3).

Esta múltiple rotura suya psicológica entre el consciente e inconsciente --moral por medio de la justificación y social por medio de la persona--, coaccionada deliberadamente, será una tarea tan abrumadora que, poco a poco, e inconscientemente, la llevaría a su propio aislamiento y destrucción.

Hay dos casos típicos que comprueban lo arriba dicho. El primero es el caso de su amiga Clara, esposa del hacendado don Esquinas. Clara que, por instinto natural es atraída por el joven indio Eduardo --que no es otra cosa que dejarse llevar por su factor psíquico del *animus*-- es impedida por doña Josefa, la «devoradora de hombres».

Clara: I wish I were young for one day... just one day... so he [Eduardo] would love me the way I love him.
Josefa: Men don't love...they take...Haven't you learned that by now? (173).

Al ser impedida por doña Josefa, Clara se convierte en alcohólica. Vemos aquí el caso de una mujer que ha sido destruida tangencialmente no por la influencia de su propio *animus*, sino por la proyección de la *sombra* de doña Josefa. El segundo caso, parecido al anterior, pero opuesto, es el de la muchacha Alysea que, debido a su propio *animus*, se enamora del mismo joven indio, y no siguiendo los deseos de la proyección de la *sombra* de doña Josefa, se escapa con él.

> *Alysea*: I meant to tell you earlier.... I'm going away with Eduardo.
> *Josefa*: You are like all the rest... you insist on being a useless, empty sacrifice!
> *Alysea*: I love him.
> *Josefa*: Love him? Tell me, how long will your precious Eduardo love you? [...] Love! Remember the brothel! No different.... You choose darkness.... Al your pains are still to come! Haven't I taught you anything? (181).

Aquí hay también otra destrucción, pero a la inversa: es doña Josefa la que, en su inconsciente, queda herida al destruírsele la función de su propia *sombra*. A partir de aquí, doña Josefa, al no poder enmendar y acoplar la «rotura», que desde tiempo atrás se venía fraguando en su psicología de base, llega al epítome del proceso y le causará lanzarse a la única salida «lógica» que le quedaba: el suicidio.

Este es el panorama general y sucinto en el desarrollo del drama *Swallows* visto desde el punto de vista jungiano, basado en la faceta psicológica llamada *sombra/shadow/persona*, específicamente la función de la *persona*.

> I took the knife and cut David's tongue [...]. I was silencing the world from reprimand [...]. I felt no guilt... all I knew... the life I had... the faith of the barrio people... this house of light... must be preserved.... I silenced all reprimand with my terrible deed (189).

La visión feminista en *The Day of the Swallows*[11]

Estela Portillo-Trambley es, sin duda alguna, una de las escritoras más conocidas entre las autoras chicanas de hoy día, y esto por varias razones. En primer lugar, porque es la «veterana», es decir, fue la primera que comenzó a escribir durante el Movimiento Chicano de los sesenta y setenta. Además, fue la primera a quien le publicaron sus obras. También porque, a nuestro parecer, es la única que escribió en todos los géneros literarios: novela, cuento, drama, poesía y ensayo. Y, lo peculiar de esta cualidad, es que en todos los géneros ha sobresalido con creces. Por último, creemos que en todas sus obras se respira un fuerte feminismo que, sin dejar de ser común al movimiento de la emancipación general de la mujer, tiene, en particular, tintes característicos de feminismo chicano.

Baste con nombrar algunas de sus múltiples obras para confirmar lo dicho. Como poeta--uno de los primeros géneros que cultivó--escribió *Impresions of a Chicana* (1974). En el cuento, se destaca su colección de breves narraciones intitulada *Rain of Scorpions and other stories* (1977). Como novelista, publicó *Trini* (1985). Pero, ante todo, sobresale como dramaturga. Se la conoció muy bien hace tiempo por su primera obra dramática, *The Day of the Swallows* (1973), sobre la que nos ocupamos aquí. Siguió *Sun Images* (1979), drama o farsa cómicomusical, que se ubica en una ciudad de la frontera, con toda probabilidad en El Paso. Apareció por último una colección de cuatro dramas, titulada *Sor Juana and Other Plays* (1983). Esta colección muestra una gran variedad de temas y de técnicas dramáticas. Además del drama «Sor Juana», que da título a la colección, integran este volumen «Puente negro», «Black Light» y «Autumn Gold». Desde el punto de vista feminista, «Sor Juana», «Autumn Gold» y «Puente Negro» son los tres en donde la dramaturga se expresa como una verdadera escritora feminista. Aunque no tan aparente --ni con la fuerza que adquiere en «The Day of the Swallows» y «Autumn Gold»-- «Puente Negro» también es un ejemplo característico en donde el rol de la mujer cobra gran importancia, en este caso en el papel de la protagonista, «La Chaparra», la «coyote» de profesión.

Influencias

Para comenzar, quisiéramos anotar, que en el drama *The Day of the Swallows* de Estela Portillo Trambley, hay por lo menos tres influencias o, mejor, confluencias o coincidencias patentes de la literatura española: *La Malquerida*, de Jacinto Benavente, *Doña Perfecta*, de Benito Pérez Galdós y, sobre todo, *La casa de Bernarda Alba*, de Federico García Lorca. De *La Malquerida* extrae la sabiduría y el conocimiento que el vulgo tiene de los «secretos» sociales de la clase alta o pudiente, que se trasluce a través de las canciones, romances, coplas o corridos. De *Doña Perfecta* se saca el tema de la «mujer perfecta», es decir, de «la señorona de bien» que el pueblo tiene como modelo de virtud y ejemplo. De *La casa de Bernarda Alba*, se calca el detalle de «el honor», con frecuencia basado en el «qué dirán», en el papel de la *persona* y la máscara personal. A veces importa más esto (la apariencia de virtud) que la virtud misma.

Temática general

Brevemente, en «Sor Juana», drama histórico y humanístico, se presenta a una heroína torturada y descoyuntada entre la vida retirada y la vida pública, entre el convento y la universidad, y entre la fe y la razón, personalidad barroca por excelencia. Dentro de una sociedad cerrada, para una mujer, y sobre todo siendo monja, no hay muchas puertas abiertas a la expansión total de la personalidad, en particular, para una vocación de intelectualidad ante la vida y de sensibilidad ante el amor. Aunque estos aspectos eran más bien peculiares a ese tiempo, el drama adquiere tintes chicanos, por el gran desarrollo que toma el conflicto entre el amor espiritual o religioso, por una parte, y el amor carnal o humano, por otra, transportados al presente hispano. En pocas palabras, la protagonista se encuentra atrapada en varias camisas de fuerza que no le dejan decidir libremente el camino a elegir.

«Autumn Gold» es otro drama interesante desde el punto de vista feminista. La protagonista, Esther Forbes, es dramaturga de profesión.

Aunque a simple vista no parece ser de contenido chicano, se nota de inmediato que Esther es el *alter-ego* de la autora. Por otra parte, al hablar de la muerte e inmortalidad, tema esencial del drama, Esther saca a relucir ante los otros personajes la costumbre que Pancho Villa tenía de «celebrar» y «cantar» ritualísticamente la muerte en presencia de los soldados caídos después de una reyerta militar.

En «Puente negro» una mujer aparece desempeñando el papel del típico «coyote». Aunque pequeña de estatura y relativamente joven, toma las riendas del mando y todos, incluso hombres avezados en el negocio de la travesía de la frontera, siguen sus órdenes. Creemos que, en la literatura chicana, aparece por primera vez una mujer desempeñando este papel que, hasta ahora, era característico del hombre.

«The Day of the Swallows» es, en nuestra opinión, el drama más fuerte en cuanto a su feminismo. No porque este drama sea el mejor logrado como obra literaria, ni porque la caracterización de la protagonista sea la mejor entre sus dramas, sino por la «anormalidad», en el sentido de salirse de lo común u ordinario. Josefa, la heroína, rompe con todas las normas tradicionales «aceptadas» por la sociedad hispano-chicana, e incluso comete tres acciones condenadas por el sistema de valores de su tiempo: mutila al joven David para evitar la posible «difamación» propia; ejecuta actos «desviados» con su práctica del lesbianismo; y, al final, comete el acto supremo de reprehensión socioreligiosa, es decir, el suicidio.

Argumento

La trama es más o menos simple: comienza indicándonos que en la actitud y comportamiento de doña Josefa hay algo raro, misterioso. Pronto sabemos que el problema esencial radica en una mala experiencia que tuvo cuando ella era niña. No sabemos realmente nada de su niñez ni de su familia, excepto esta experiencia traumática. Cuando niña, unos cuantos muchachos que sacrificaban a una bandada de pájaros, la tiraron al suelo y uno de los niños desangró (sacrificó) a una «golondrina» (de aquí el título) sobre el cuerpo de la pequeña Josefa. Más tarde sabemos que rescató al pequeño David de las manos de su padre borracho. Y, por fin, nos enteramos que recogió a Alysea de una casa de prostitución y de las garras de un mal hombre con la ayuda de su bastón (símbolo fálico). En total, que el odio que tiene contra los hombres viene del lado cruel que éstos manifiestan.

Por otra parte, y como ramificación de lo que precede, doña Josefa se aísla de la sociedad masculina creando su palacio antiséptico, su casa super femenina. Quizás por su aislamiento, quizás por su aparente devoción y religiosidad, quizás por su máscara, la gente del pueblo, e incluso el cura párroco, la consideran como el epítome de la mujer virtuosa. Y aquí se establece la raíz de la tragedia (porque este drama es una tragedia).

Hay un aparente «orden» natural o cósmico y un aparente «orden» social. Al nivel natural o cósmico, todo respira serenidad y belleza. Al nivel social, todo es armonía, una armonía que desemboca en letargo. Nos recuerda mucho la obra de Unamuno, *San Manuel, bueno y mártir*, en donde la armonía de la naturaleza estaba en forma de contrapunto a la tormenta psicológica de los personajes principales: el cura y el joven Lázaro.

Alguna base teórica

Como trasfondo, quisiéramos presentar algunos puntales teóricos para el análisis del drama de que nos ocupamos aquí, «The Day of the Swallows». En general podemos decir que, tradicionalmente, la mujer ha desempeñado un papel pasivo, dependiente y de personaje-objeto ante la sociedad en la que se refleja la obra literaria. Con el movimiento de los derechos civiles de los sesenta y setenta, la mujer cobró gran conciencia de sí misma, incluso en el papel o rol desempeñado en los dramas, como personaje complementario y pasivo. Por medio de la actividad literaria, la escritora, a su vez, ha tratado de derrocar los estereotipos a que se le había sujetado. En estas obras, la escritora comienza a rectificar la visión masculina que, hasta recientemente, se tenía de la mujer. Ella presenta sus angustias, la náusea y la estrechez a que había sido subyugada. Por otra parte, vemos a una mujer que pasa al ataque, a la ofensiva y que quiere controlar su propia situación individual y social. Esta actitud de enfrentamiento es la que define al movimiento feminista, en donde se lucha y se exige una autonomía y una liberación auténtica y real, no artificial y estereotipada, como se le venía adjudicando.

Pueden observarse varios aspectos que diferencian los dramas escritos por la mujer feminista de los escritos por la corriente tradicional masculina (Brown). Podrían resumirse de la siguiente manera: se satiriza el papel tradicional de la mujer como objeto sexual y pasivo; la mujer protagonista pasa, para ello, y por consiguiente, a primer plano; a la mujer se la dramatiza presentándola en una forma opresiva, pero con la gran diferencia de que ahora es para ridiculizar y no para perpetuar la forma estereotipada tradicional; y, por último, cambian los papeles, invirtiéndose, para, de este modo, proporcionar a la audiencia un mensaje más claro, diferente y, quizás, auténtico. En resumidas cuentas, la dramaturga se revela ante la sociedad y se rebela contra los valores caducos que han servido para servilizarla.

Algunas técnicas dramáticas en «Swallows»

Podemos destacar tres estrategias en el desarrollo de este drama: 1) la función que desempeña el tiempo en el entramado dramático, 2) la frondosa escenificación empleada por la dramaturga para situar y ambientar su obra y 3) finalmente, la caracterización de los personajes, en particular el de la heroína Josefa. En cuanto al primer elemento estratégico, es decir, el tiempo, podemos destacar la pluridimensionalidad del mismo, desgajándose y, al mismo tiempo, barajando sus diversas facetas. Así observamos la alternancia entre el presente y el pasado, el tiempo escénico y el tiempo histórico. El juego y entrecruzamiento de estos aspectos, nos dan una totalidad difícil de desintegrar. En cuanto al segundo elemento, podemos destacar el decorado, las luces, la luminosidad, en fin, la escenografía y utilería femeninas que respira toda la casa. Y, en cuanto al tercer elemento estratégico, nos ocuparemos de la caracterización y de la función que los personajes desempeñan en dicho drama.

Para comenzar, sería bueno sintetizar el argumento de *Swallows*. Josefa, mujer de unos 35 años, a causa de sus «virtudes» o cualidades personales y de su actividad humanística, religiosa y filantrópica, es la admiración del pequeño pueblo llamado San Lorenzo. Este pueblo se encuentra situado en medio del desierto, aunque circundado por un lago y unas montañas. La protagonista Josefa, si bien es la admiración de la gente, encierra en sí misma una seria dualidad, difícil de compaginar: exteriormente es la mujer «sin tacha», pero interiormente es una fémina insegura, con tendencias «anormales», poseedora de atrofias psicológicas y biológicas, es decir, inclinada al lesbianismo. A todo trance quiere mantener un balance equilibrado entre estas dos fuerzas contrarias o contradictorias.

Si esta inestabilidad interna se hace difícil de por sí, se convierte aún más en imposibilidad, al inmiscuirse en ella elementos externos. Estos elementos son los personajes que la rodean y que o saben la situación precaria de la heroína, como su amante la joven Alysea, o sospechan de su lesbianismo y del crimen perpetrado por ella contra el muchacho David, como es el caso de su tío Tomás, que será desde un principio el acicate de un posible chantaje. Estas fuerzas contrarias van en crescendo hasta el final, cuando su joven amante Alysea la deja por el joven indio Eduardo, y cuando, momentos antes de la procesión del Santo, ella, incontrolable ante el aguijón de la conciencia y del remordimiento y de la «rotura» psicológica, se ahoga en el lago.

(Entre paréntesis, quisiéramos anotar dos errores de tipo calendárico en el drama, y que, a nuestro parecer, nadie se ha percatado de ellos hasta ahora: que la dramaturga, Estela Portillo-Trambley, ubica el día de San Lorenzo a mediados de julio, cuando, en realidad, la fiesta del santo cae el 10 de agosto. Por otra parte, se hace referencia a la llegada de las golondrinas en el mes de julio, cuando en realidad llegan, no en julio, sino en marzo. Pero estos dos detalles temporales quizás se hayan desencajado intencionadamente del calendario para encajarlos en el «ambiente» sofocante y, a la vez, sofocador del verano, y requeridos para situar la «sequía» espiritual de los habitantes de San Lorenzo, pueblo ubicado en la languidez del «desierto»).

Los tiempos dramáticos

Como indicamos antes, el tiempo es uno de los elementos estructuradores en la estrategia dramática de *Swallows*, aunque no tiene que ver directamente mucho con el feminismo inherente al drama, a no ser de soslayo o tangencialmente. Al nivel de los acaecimientos en la vida de Josefa, el elemento tiempo nos lleva a unos veintiocho años antes de lo ocurrido en el drama, cuando la protagonista Josefa era una niña de siete años. Al nivel de la historia real, el tiempo abarca año y medio, más o menos, desde el momento en que Josefa rescata a dos de los personajes claves en el drama: al muchacho David de la violencia de su padre y a la joven Alysea de una casa de prostitución y de un hombre que quería ultrajarla. En la escena, sin embargo, presenciamos todo este tiempo sintetizado en la duración de veinticuatro horas.

La función de este entrecruzamiento de los tiempos tiene como resultado la elaboración del elemento de suspenso. Es este elemento el que hace que la acción se mueva y que mantenga el interés del lector/espectador durante el desarrollo de la acción. Creemos que el centro del suspenso es el incidente al que se alude, desde la primera escena, y que perdura sin resolverse hasta el final. Nos referimos a la mutilación del joven David perpetrada por Josefa, teniendo como cómplice a su amante Alysea. Esta acción se revela en la penúltima escena, cuando Josefa «confiesa» abruptamente al Padre Prado que ella ha sido la mutiladora del muchacho.

Entre tanto, observamos que, en este vaivén de conciencias, Alysea no puede reprimir la angustia que le causa la culpabilidad del hecho, mientras que Josefa a toda costa trata no sólo de acallar la sensibilidad de Alysea, sino de aparentar una calma perfecta. Esto al nivel del foro interno de la conciencia, porque Josefa tiene que atar todos los cabos en el foro externo y público, pues hay varios hilos sueltos que pueden desmadejar el ovillo. A saber, tanto la lechera Clemencia como el tío Tomás poseen pistas que se dirigen al corazón del crimen. Josefa trata, sin poder lograrlo, de recoger los cabos para no dejar que el tejido se desbarate.

Algunos detalles, dentro del elemento del tiempo, pueden darnos la clave del suspenso. El tiempo cíclico o repetitivo juega un papel importante en el desenlace. Así, no es simplemente una coincidencia de que veintiocho años antes, con la llegada de las golondrinas --cuando Josefa tenía escasamente siete años-- experimentara el trauma catártico que la marcaría para el resto de la vida. Esta experiencia, como queda dicho antes, fue cuando unos niños, que andaban matando golondrinas, la echaron al suelo y derramaron la sangre de una de ellas sobre el cuerpo de la tierna Josefa. Tampoco fue coincidencia de que Josefa, una año antes de la acción llevada a cabo en el drama, recogiera a Alysea en casa como a su amante, precisamente y también con la llegada de las golondrinas. Por fin, ya dentro del tiempo del drama, tampoco fue coincidencia que, en vísperas de la llegada de las golondrinas, Josefa hubiera mutilado al muchacho recogido para que no delatara su acción desviada y pecaminosa. Tres momentos históricos que se repiten y que, por ello mismo, se cierran en un ciclo. Estos tres momentos temporales están marcados con el sello de lo masculino, como trauma imperecedero en la psique de Josefa. De ahí su aversión contra el hombre y contra todo lo masculino.

Escenografía en *Swallows*

Comencemos por el escenario. La casa de Doña Josefa es una casa inmaculada, llena de luz, de limpieza y de orden. Las paredes blancas, las cortinas de encaje y los manteles de las mesas de tejido, están elaboradas minuciosamente. La casa se encuentra situada junto al lago San Lorenzo, que da el nombre al barrio contiguo a su casa. Esta, pues, está fuera del barrio, dato revelador.

Ampliando más el escenario, se nos presentan unas montañas verdes, grandiosas y puras, donde viven los indios, supuestamente cercanos a la naturaleza e incontaminados. De estas montañas procede un joven, Eduardo, que se enamorará de Alysea, una de las amigas y, a la vez, víctimas de Doña Josefa.

No muy lejos de las montañas, de la casa de Josefa y del barrio, se encuentra la hacienda de don Esquinas, el criollo representante de los conquistadores españoles, tipo que encarna la estructura social de su tiempo y del feudo pos-medievalista.

Y como símbolo central al drama, hay un lago, el Lago San Lorenzo, en donde habitan los «magos» de doña Josefa, en donde se lavan y bañan las doncellas al mediodía, en la fiesta del Santo Patrón, para obtener el hombre apetecido, o sea «el príncipe soñado», donde irán doña Josefa y Alysea a enamorarse y en donde, por fin, se suicidará doña Josefa. Como podemos ver, y veremos más tarde, el lago es uno de los centros (el más importante quizás) sobre el que gira la acción dramática.

Antes de pasar adelante, quisiéramos hacer una observación. El escenario --el paisaje compuesto del lago, el desierto y las montañas, y la casa de Josefa-- es de lo más hermoso que se podría esperar en un drama. Pero, creemos que el fallo radica en la falta de verosimilitud en la conjunción de estos tres elementos escénicos: las montañas, el desierto y el lago. Uno se pregunta, ¿cómo es posible, incluso en el suroeste --en donde se supone que se ubica este drama--, que colinden tres elementos tan dispares entre sí? Las montañas y el lago pueden ir juntos, pero el desierto aledaño a las montañas frondosas, ya no es tan verídico. Un lago artificial puede concebirse en medio del desierto, pero un lago nítido, natural y lleno de tintes supersticiosos y milenarios, no parece ser tan verídico.

Otro elemento estratégico de *Swallows* es al nivel de la escenografía. Aquí todo respira femineidad: encajes, limpieza, luz y distribución de muebles. Por otra parte, y a consecuencia de ello, los cuartos/salas respiran tranquilidad, cariño, orden y paz, aunque todo artificial.

> Josefa's sitting room; it is an unusual beautiful room, thoroughly feminine and in good taste; the profusion of lace everywhere gives the room a safe, homey look. The lace pieces are lovely, needlepoint, hairpin, limerick, the work of patience and love [...]. The room faces south, so it is flooded with light; the light, the lace, the open window all add to the beauty of the room, a storybook beauty of serenity (152).

Quizás por su profusión y acento repetitivo, la luz, y también el encaje, se convierten en el *leitmotif* por excelencia del drama.

Aquí nos podríamos meter por los senderos del simbolismo, fructífero por demás, pero, al hacer esto, nos apartaríamos del tema al que nos hemos circunscrito. Baste con decir que, aunque aparentemente antagónicos al nivel real, hay dos motivos que se relacionan entre sí al nivel simbólico. Por una parte, el encaje, la filigrana del tejido, el acto de tejer y coser, significan el ir hilvanando uno su propia vida, construyendo sus planes y sus objetivos. J. E. Cirlot, en su *Diccionario*, nos dice:

> La expresión «trama de la vida» habla con elocuencia sobre el simbolismo del *tejido*.. No sólo se trata de las ideas de ligar e incrementar por medio de la mezcla de dos elementos (trama y urdimbre, pasivo y activo), ni de que el acto de tejer sea equivalente a crear, sino de que, para cierta intuición mística de lo fenoménico, *el mundo dado aparece como un telón que oculta la visión de lo verdadero y lo profundo* (nuestro el énfasis) (428).

Por otra parte, la luz se relaciona con la ilusión, la inspiración, la fantasía y la videncia. No es necesariamente una luz solar o natural, sino más bien una luz artificial. Es la ansiedad de poseer esa luz, que se convierte en obsesión para Josefa. Es una especie de connubio espiritual con el mundo de la naturaleza, en particular con el lago, las estrellas y la luna. Todos ellos aspectos de paz, tranquilidad, prudencia y perfección. Citando otra vez a Cirlot, al hablarnos de *la luz*, leemos:

> Identificada tradicionalmente con el espíritu. La superioridad de éste, afirma Ely Star, se reconoce inmediatamente por su intensidad luminosa. La luz es la manifestación de la moralidad, de la intelectualidad y de las siete virtudes. Su color blanco alude precisamente a esa síntesis de totalidad [...]. Psicológicamente, recibir la iluminación es adquirir la conciencia de un centro de luz, y, en consecuencia, de fuerza espiritual (286).

En fin, es el mundo fabricado por la mujer, en oposición al mundo oscuro y tenebroso del hombre, salpicado de amarguras, opresión y prostitución. Este es un mundo en donde, irónicamente, reina como norma la homosexualidad, la desarmonía y el caos subyacente, frente al otro de la heterosexualidad, la armonía y la perfección exterior. El ambiente de la luz no sólo ilumina el mundo de la mujer, sino que ciega la mirada del hombre. En otros términos, en *Swallows*, la luz funciona como la tradicional espada de dos filos: protege y defiende al mismo tiempo.

Los personajes

Pasemos ahora a los personajes. Aquí entra nuestro interés. Hay cuatro personajes femeninos y cinco masculinos. Los femeninos son: doña Josefa, la señora «de bien» y matrona; Alysea, la joven rescatada de la prostitución por doña Josefa, y amante de ésta; Clara, la esposa del hacendado don Esquinas; y Clemencia, la lechera. Por parte de los personajes masculinos nos encontramos con Tomás, el tío de doña Josefa; el hacendado don Esquinas, esposo de Clara; el indio Eduardo, novio de Alysea; el niño David, recogido de doña Josefa, y mutilado por ésta; y, por último, el Padre Prado, párroco de la única parroquia del pueblo.

Doña Josefa, como se podía esperar, es el personaje central. Por tanto, su tragedia personal contaminará y contagiará todo hasta llegar al desenlace trágico de la obra. Existe una paz artificial que dura el tiempo y el espacio del drama. Hay tres incidentes que desencadenan el desenlace: el odio de doña Josefa hacia el hombre, a causa de su experiencia de niña, el consiguiente lesbianismo antinatural con Alysea y, también consiguiente, la mutilación (cortarle la lengua para que no hablara) del niño David por haber presenciado el acto sexual entre las dos mujeres. El «tío» Tomás (tío de Josefa) es el que sabe lo de la mutilación del niño David. Tiene en su posesión el cuchillo todavía ensangrentado que usaron las dos mujeres para el crimen perpetrado. Por tanto, será el que chantajeará a su sobrina Josefa. En su poder está uno de los posibles desenlaces de la obra dramática.

Alysea, la joven amante de doña Josefa, será la otra clave del desenlace del drama. Guarda mucho parecido en este caso a la obra clásica de Jacinto Benavente, *Los intereses creados*: Crispín, el cerebro manipulador de todo el enredo en dicho drama, lo tiene todo muy bien calculado. Pero se le escapa un hilo mágico en todo el tinglado: se olvida de que Leandro (el otro pícaro) pueda «enamorarse». El amor, sentimiento muy humano, no entraba en sus planes. Toda la estrategia se le cayó por tierra. Aquí ocurre algo parecido. Alysea, amante de Josefa, se enamora del joven indio Eduardo. Al conmutar la femenina, inmaculada y artificial casa de doña Josefa por el mundo abrupto, natural y masculino de las montañas, de donde viene y en donde vive Eduardo, contribuye al resquebrajamiento de la armonía artificial creada por doña Josefa.

Metiéndonos más ahora en lo de los personajes, no cabe duda que al personaje femenino en este drama se le confiere más «espacio», actúa más y es la causa del entramado y desenlace dramático. Por primera vez (algo parecido a *Come Down from the Mound*, de Berta Ornelas, 1975) vemos en la primeriza literatura chicana que los personajes femeninos predominan y llevan la batuta. Los personajes masculinos sirven de «relleno». Así vemos al tío Tomás, pícaro, borracho, argüendero, chantajeador y vividor, como encarnación de la fuerza negativa en el drama. A don Esquinas se le presenta como el conquistador y machista por excelencia, y a Eduardo como la encarnación del «playboy» tradicional hispano (a pesar de ser indio). Y el Padre Prado es el prototipo o estereotipo del cura bonachón, inocente e ignorante de las incontrolables pasiones del ser humano, sobre todo de la mujer.

En cambio, si nos atenemos a los personajes femeninos, nos encontramos con rasgos vitales y «auténticos», en oposición a los «prototipos» o «estereotipos» del personaje masculino. Clemencia, la lechera, aunque no tiene papel trascendental en la obra, es la que, al principio del drama, nos da inocentemente la pauta y el indicio de que «hay gato encerrado» en la vida de doña Josefa. Obra con mucha naturalidad, y es una persona de carne y hueso. Va a lo suyo: distribuye y vende su leche y se preocupa humanamente de sus clientes.

Clara, la esposa del hacendado don Esquinas, también es una mujer de carne y hueso. Es amiga de doña Josefa. Se aconseja con ella, pero las consecuencias son fatales, pues doña Josefa, al odiar a los hombres, influye negativamente en las relaciones matrimoniales de Clara y su esposo don Esquinas. Este le echa la culpa a doña Josefa de que su esposa Clara ande siempre borracha. Por otra parte, Clara, al no tener relaciones sexuales normales con su esposo (siempre preocupado por el lado materialista de su hacienda), se enamoró y tuvo relaciones sexuales con el joven indio Eduardo, futuro novio de Alysea. Por supuesto que doña Josefa va a sacar racha de este incidente para, más tarde, disuadir a Alysea que, según ella, comete un error al enamorarse del joven indio, porque los «hombres abandonan» caprichosamente a la mujer una vez conquistada ésta.

> *Alysea*: I meant to tell you earlier.... I'm going away with Eduardo.
> *Josefa*: You are like all the rest... you insist on being a useless, empty sacrifice!
>
> *Alysea*: I love him.
> *Josefa*: Love him? Tell me, how long will your precious Eduardo love you? [...] Love! Remember the brothel! No different.... You choose darkness.... All your pains are still to come! Haven't I taught you anything? (181).
> ......
> *Clara*: I wish I were young for one day... just one day... so he [Eduardo] would love me the way I love him.
> *Josefa*: Men don't love... they take.... Haven't you learned that by now.
> *Clara*: Oh, Josefa... you are wrong... you are wrong.... A woman was made to love a man.... To love is enough for a woman (173).

En su totalidad, vemos a Clara como a una mujer dotada de debilidades humanas y poseedora de una belleza ya en ciernes de marchitarse, reaccionando ante ello con verdaderos resortes vitales.

A la mujer que se estudia mejor desde el punto de vista psicológico y social, dejando de lado a doña Josefa, es a la joven Alysea. Es una muchacha llena de sentimiento, de dolor y de trauma psicológico, a causa de su remordimiento causado por el acto de «desviación» sexual ejecutado con Josefa y por la complicidad en la mutilación del niño David. Le asombra el hecho de que Josefa pueda «callar y disimular el crimen» (o crímenes) cometidos.

> *Josefa*: Alysea and I are lovers.
> *Father Prado*: What?
> *Josefa*: A year ago tonight we became lovers [...]. She felt and responded to my every mood... my every act (187).
> ......
> *Alysea*: When you brought me here... all that's happened... it is so unreal.... A year of mists and deep sinking dreams... but not any more! (176).
>
> *Alysea*: It all fell apart... last night. All I can remember are David's eyes [...]. His eyes told me. You and I were all the terror in the world [...]. The vilonece... the useless violence....
> *Josefa*: I forbid you to go on like this (182).

Su conciencia le chilla y lo manifiesta en sus relaciones con doña Josefa, con el tío Tomás, con Clemencia y con Eduardo, a quien confiesa su vida de lacras, a pesar de que ella es inocente de sus «circunstancias» negativas. No obstante, Alysea se nos presenta como inocente y llena de verosimilitud. No hay nada de estereotipo en ella, y nos parece, por lo tanto, un buen estudio psicológico.

Pero la protagonista por excelencia es doña Josefa. Desde un principio observamos el misterio que la rodea. Una persona que comienza su vida en una forma traumatizada y «desviada» y, lógicamente, continúa por ese camino sin posibilidades visibles de enderezarse. Un eslabón se une a otro para formar una cadena ininterrumpida que la llevará a un *dénouement* o desenlace catastrófico. La primera causa producirá un efecto que, a su vez, se convertirá en otra causa mayor para producir otros efectos negativos y, así, en movimiento creciente, hasta el final trágico.

Su odio hacia el hombre comienza de niña cuando unos jóvenes la tiran al suelo y sacrifican una de las golondrinas sobre su cuerpo. Este incidente le lleva al odio del hombre, al lesbianismo y al acto sexual con Alysea. El niño David presencia uno de esos actos desviados y, entonces, se ve en la obligación (para que no se divulgue dicho acto) a cortarle la lengua. Este crimen, hace que, en parte, Alysea se aísle de doña Josefa. Por otra parte, su tío Tomás empleará el conocimiento de este acto de mutilación para chantajear a su sobrina Josefa. Para acallarlo, ella sucumbe al soborno. Todo esto la lleva a un aislamiento del pueblo y del barrio cada vez más creciente. Por fin, ya no puede más con su conciencia, y se confiesa con el Padre Prado, quien recibe un choque al enterarse de que «la mujer impecable» ante la opinión del pueblo y la suya, está llena de podredumbre.

Sin posible escapatoria, solamente le queda un recurso a la «virtuosa» doña Josefa: desaparecer. Esta desaparición se llevará a cabo el día de la única festividad religiosa del barrio: la de San Lorenzo, en donde toda la gente participará y en donde doña Josefa fungiría como representante y persona escogida por su «virtud». Ese mismo día, doña Josefa contempla por la ventana el «lago» atractivo, que la seduce en extremo, en donde habitan sus «magos», bajo el resplandor y la estela de una luna medianochera. Los ojos de Clemencia, que viene como de costumbre a distribuir por la mañana temprano la leche, no pueden creer lo que ven: momentos antes de la procesión del santo, y al tiempo que doblan las campanas de la iglesia parroquial, observa flotando en el lago un cuerpo blanco e inmaculado: el de doña Josefa.

El «orden» aparente de un principio se fue resquebrajando poco a poco hasta terminar en caos. Hasta ahora no se había presentado en la literatura chicana la psicología femenina desde un ángulo tan detallista como el que se nos presenta en este drama. Quizás esto se explique por el simple hecho de que todos los personajes femeninos hasta ahora estudiados hayan sido destilaciones de la pluma del escritor masculino. Creemos, para sintetizar, que la mujer presentada y estudiada por otra mujer guarda comportamientos recónditos que se le escapan a la observación y pluma del hombre.

Resumiendo brevemente la caracterización de algunos de sus personajes, observamos que la dramaturga forma un «tejido» de contrastes y analogías a través de todo el drama, sobre todo en lo tocante a los personajes. La protagonista, por una parte, es la «mujer perfecta», la mujer ideal, la mujer modelo, y, por otra, es la mujer pecaminosa, la mujer activada por instintos subterráneos, la mujer «hipócrita». Incluso sus acciones muestran ser ilógicas y, por ende, contradictorias. Josefa hace una obra plausible sacando a Alysea del prostíbulo, pero para meterla, en cambio, en otra clase de prostitución, la suya. La salva de las manos lujuriosas de un hombre, pero dejándolo inválido. Salva al muchacho David del maltrato que le daba su padre, pero, al mismo tiempo, deja morir a éste último lesionado y mutila al joven. Josefa es dadivosa, altruista, caritativa y virtuosa en la apariencia, pero, una vez desenmascarada, aparece toda la podredumbre, revelándose así la verdadera Josefa.

Si pasamos revista a los otros personajes femeninos en el drama, nos encontramos con dos mujeres, ambas amigas de Josefa: Alysea y Clara. A las dos se las presenta como seres débiles. Clara, al ser completamente controlada por su esposo, el hacendado don Esquinas, y verse abandonada por su amante Eduardo, se convierte en alcohólica, en parte debido a la influencia de Josefa. Alysea, protegida también de Josefa, no teniendo el valor de seguir la dirección trazada por ella, se va con Eduardo. Creemos que, aunque ambas son débiles, Alysea se salvó por la intervención del instinto natural del amor (*animus*), mientras que Clara, al ver las puertas cerradas a una existencia propia y auténtica, busca el escape a través del licor. En vista de esto, parece ser que Josefa, la figura autoritaria, es la que encarna el «principio femenino» del que la misma autora nos habla (*Rain of Scorpions*, 106). Ella es la prefiguración de la rotura con una sociedad convencional, en donde la mujer desempeña el papel secundario de criatura sumisa y atrapada en la maraña de una sociedad de valores prominentemente masculinos. Sin embargo, al perder a sus dos únicas amigas y al sentirse amenazada, precisamente por esas convenciones a las que se opone y contra las que lucha ardientemente, sucumbe al final, cometiendo suicidio. Aunque la dramaturga describe líricamente el retorno del alma de la difunta Josefa a la iluminada casa, eso no quita que, al sopesar las cosas, haya fracasado en su intento original: luchar por un cambio en la sociedad masculina.

Hablando de los personajes masculinos, se nota que éstos se pintan como individuos caprichosos, agresores y transgresores de todo valor que no sea el suyo. Eduardo, el joven indio que se conjuga con los instintos naturales, arranca a Alysea del hogar de Josefa, llevándosela a las montañas. Don Esquinas, como el prototipo del hacendado tradicional, es un hombre absolutista, sin sentimientos y obcecado por el poder. Desprecia a Josefa y desdeña a su esposa Clara. Tomás es la encarnación de la doblez, del escarnio y del chantaje. Hombre sin principios morales, en extremo egoísta y sadista. David, aunque un muchacho inocente, sería un delatador en potencia, y, por tanto, habría que silenciarlo, cortándole la lengua. En breve, las protagonistas femeninas están estudiadas detalladamente y se nos presentan bien perfiladas y con autenticidad, mientras que a los personajes masculinos les falta fuerza y profundidad psicológica. Son superficiales y, en general, carecen de autenticidad.

A modo de conclusión, podemos decir que *Swallows* quizás sea el drama en donde el indicador del feminismo haya llegado al exponente más elocuente y extremo hasta los años setenta. Si bien Josefa trató de encarnar los valores representativos del «principio femenino», no fue capaz de lograrlo, a causa de que, por un lado, ella se encontraba sola en la lucha, y, por otro, los valores definidores del mundo masculino estaban muy arraigados en el medioambiente en el que le tocó vivir. Las golondrinas, pájaros portadores del mensaje de amor, de inocencia, de paz y de armonía, han vuelto una y otra vez a formar sus nidos, pero, aunque vengan en bandadas, seguirán ejercitando rutinariamente sus vuelos, sus nidos y sus crianzas, como lo han hecho instintivamente por años y años. El simbolismo de la inocencia, de la luz, de la paz y de la armonía, desafortunada y desgraciadamente parece no haber surtido efecto, por ser artificial y no corresponder a una auténtica realidad vital.

FIN

NOTAS

[1] Este ensayo fue leído en el congreso de Rocky Mountain Council on Latin American Studies que se celebró en Fort Collins, Colorado en febrero de 1988. Más tarde se publicó en las *RMCLAS Proceedings* en 1989.

[2] Esta ponencia fue presentada para el XII Coloquio Internacional de Literaturas Regionales en Hermosillo, en abril de 1990. Más tarde, en 1992, fue publicada en *Memorias del XII Coloquio Internacional de Literaturas Regionales*, de la Universidad de Sonora.

[3] Este ensayo se leyó en el Congreso Internacional de Fronteras Iberoamericanas: Ayer y Hoy, que se llevó a cabo en Tijuana en agosto de 1989.

[4] Este trabajo fue leído en el congreso del Pacific Coast Council of Latin American Studies, que se celebró en Tucson en febrero de 1984. Posteriormente fue publicado en *Explicación de textos literarios*, en 1987, XV, 2, 50-59.

[5] Este trabajo fue publicado en *La Palabra: revista de literatura chicana*. Primavera/Otoño de 1981, 33-49.

[6] Este ensayo forma parte del libro *El arquetipo de la Madre Terrible en Peregrinos de Aztlán, de Miguel Méndez*, publicado en Alta Pimería, México, 1990.

[7] Este ensayo fue leído en el International Congress on Folklore, llevado a cabo en Mexicali, en marzo de 1989. Más tarde apareció publicado en *Border Culture and Folklore*, Marín Publications, 1992, 77-85.

[8] Esta entrevista se grabó oralmente en inglés en julio de 1993. Su transcripción y traducción textuales son nuestras.

[9] Este trabajo fue leído en el Pacific Coast Council of Latin American Studies, celebrado en San Francisco, en 1990.

[10] Esta fue una ponencia presentada en el Pacific Coast Council of Latin American Studies, en octubre de 1990, que se llevó a cabo en San Francisco.

[11] Ponencia leída en el Coloquio Internacional Fronterizo sobre La Mujer y la Literatura mexicana y chicana, celebrado en Tijuana en mayo de 1989.

OBRAS CONSULTADAS

Alarcón, Justo S. «Consideraciones sobre la literatura y crítica chicanas», *La Palabra*, 1:1 (primavera 1979) 3-21. Véase también su estudio «La metamorfosis del diablo en *El diablo en Texas*» en *De Colores*, 5:1 & 2 (verano 1980).

_____. *Chulifeas fronteras*. Albuquerque: Pajarito, 1981.

_____. *Crisol*. Madrid: Fundamentos, 1984.

_____. *Los siete hijos de La Llorona*. México: Alta Pimería, 1986.

_____. «Miguel Méndez: entrevista». *La Palabra*. 3:1 & 2 (primavera/otoño 1981).

Brown, Janet. *Feminist Drama: Definition and Critical Analysis*. Metuchen: Scarecrow, 1976.

Bruce-Novoa. «Estela Portillo». *En Chicano Authors: Inquiry by Interview*. Austin: Austin UP, 1980, 163-181.

Cárdenas, Lupe. «Los personajes femeninos en `The Day of the Swallows' de Estela Portillo Trambley». Ponencia leída en el Segundo Coloquio Internacional sobre La Mujer, Tijuana, Mayo 1988.

_____. Reseña de *Chulifeas fronteras*. *Maize* 6, 3 & 4 (Spring 1983) 60-61.

_____. «La ciudad como arquetipo de la Madre Terrible en *Peregrinos de Aztlán*». *La Palabra*, 3: 1 & 2 (primavera, 1982) 33-49.

_____. *El arquetipo de la Madre Terrible en Peregrinos de Aztlán, de Miguel Méndez*. México: Alta Pimería. 1990.

_____. «Folkloric Elements in Miguel Méndez's Border-Region Short Stories», *Chicano Border Culture and Folklore*. 1992, 77-84.

Cirlot, Juan Eduardo. *Diccionario de símbolos*. Madrid: Labor, 1985.

Cooper, J.C. *An Illustrated Encyclopedia of Traditional Symbols* (Great Britain: Butler & Tanner LTD, Frome, 1978).

de Vries, Ad. *Dictionary of Symbols and Imagery* (Amsterdam: North Holland, 1976).

Eliade, Mircea. *The Sacred and the Profane*. New York: Harcourt, 1959.

Englekirk, John et al. *An Anthology of Spanish American Literature*, 2 Vols. Englewood Cliffs: Prentice, 1968.

Flores, Angel and Helene Anderson, eds. *Masterpieces of Spanish American Literature*, 2 Vols. New York: MacMillan, 1974.

Imbert, Enrique Anderson y Eugenio Florit, eds. *Literatura Hispanoamericana*. 2 Vols. New York: Holt, Rhinehart and Winston, 1970.

García Morente, Manuel. *Lecciones preliminares de filosofía*, México: Porrúa, 1980.

Henderson, Joseph L. «Los mitos antiguos y el hombre moderno», en *El hombre y sus símbolos*, de Carl Gustav Jung. Barcelona: Biblioteca Universal Contemporánea, 1976.

Huerta, Jorge. *Chicano Theater: Themes and Forms*. Ypsilanti: Bilingual Press/ Editorial Bilingüe, 1982.

Jaffe, Aniela. «El simbolismo en las artes visuales», en *El hombre y sus símbolos*, de Carl Gustav Jung. Barcelona: Biblioteca Universal Contemporánea, 229-278.

Jung, Carl Gustav. «Acercamiento al inconsciente», en *El hombre y sus símbolos*. Barcelona: Biblioteca Universal Contemporánea, 1976.15-102.

_____. *Psyche and Symbol*. Ed. Violet de Laszo. New York: Doubleday, 1958.

Leal, Luis. «Méndez y *El Calila y Dimna*». *La Palabra*, 1 & 2 (1980) 3-17.

_____. et al. eds. *A Decade of Chicano Literature (1970-1979):Critical Essays and Bibliography*. Santa Barbara: La Causa, 1982, 73-81.

Limón, José. «El folklore y los mexicanos en los Estados Unidos: una perspectiva cultural marxista». *La otra cara de México: el pueblo chicano*. Ed. David Maciel. México: El Caballito, 1977.

López Q., Alfonso. *Filosofía española contemporánea*. Madrid: Biblioteca de Autores Cristianos, 1970.

Lomelí, Francisco y Donaldo Urioste. *Chicano Perspectives in Literature: A Critical and Annotated Bibliography*, Alburquerque: Pajarito, 1976.

Méndez, Miguel M. Introducción a *Chulifeas fronteras*. Alburquerque: Pajarito, 1981, 11-12.

_____. *Peregrinos de Aztlán*. Tucson: Editorial Peregrinos, 1974.

_____. *Los criaderos humanos*. Tucson: Editorial Peregrinos, 1975.

_____. *Cuentos para niños traviesos*. Berkeley: Justa Publications, 1979.

_____. *De la vida y el folclore de la frontera*. Tucson: Mexican American Studies and Research Center, 1986.

_____. *Tata Casehua y otros cuentos*. Berkeley: Justa Publications, 1980.

Mirandé, Alfredo y Evangelina Enríquez, «Images in Literature» en *La Chicana: The Mexican American Woman* (Chicago: University P., 1979).

Neumann, Eric. *The Great Mother*, trans. Ralph Manheim (Bollingen Series XLVII New York, 1955) 18.

_____. *The Origins and History of Consciousness*, trans. R.F.C. Hull (Bollingen Series XLII New York, 1954) 14.

Paz, Octavio. *El arco y la lira*. México: Siglo XXI, 1967.

Portillo-Trambley, Estela. *The Day of the Swallows. El espejo/The Mirror*. Berkeley: Quinto Sol, 1972.

———. *Sor Juana and Other Plays*. Ypsilanti: Bilingual, 1983. 43-195.

———. *Trini*. Binhamtom, New York: Bilingual Press/Editorial Bilingüe, 1986

———. *Rain of Scorpions and Other Stories*. Berkeley: Tonatiuh International, 1975

Propp, Vladamir. *Theory and History of Folklore*. Trans. Ariadna Y. Martin and Richard P. Martin. Minneapolis: U of Minnesota. 1984.

Ramos, Samuel. *Filosofía de la vida artística*. México: 4a, Espasa Calpe mexicana, 1980.

Salinas, Judy. «The Role of Women in Chicano Literature» en *The Identification and Analysis of Chicano Literature*, ed. Francisco Jiménez (New York: Bilingual Press/Editorial Bilingüe, 1979). 193-220.

Trujillo, Roberto y Andrés Rodríguez. *Literatura Chicana: Creative and Critical Writings Through 1984*. Santa Barbara: Floricanto, 1986.

Vallejos, Tomás. «Estela Portillo-Trambley's Fictive Search for Paradise». *Frontiers: A Journal of Women Studies*, 5, 2 (Summer 1980) 58-62.

*Tres escritores literarios del Movimiento Chicano:
¿Chicanos o chicanescos? Entrevistas y ensayos*, se
terminó de imprimir en septiembre de 1997 en los
talleres e imprentas de la Universidad de Sonora, en
Hermosillo, Sonora, México.

Tiraje: 500 ejemplares.

La edición estuvo al cuidado de la Dirección General y del
Consejo Editorial de Editorial *Orbis* Press.

Portada, Imágenes y Diseño Gráfico:

Phoenix, AZ
(602) 755-0930

Tucson, AZ
(520) 722-3020